*Before Saying Any*
*of the Great Words*

## Collections of Poetry by David Huerta
## Represented in This Volume

*El jardín de la luz.* Mexico City: Universidad Nacional
   Autónoma de México, 1972.

*Cuaderno de noviembre.* Mexico City: Ediciones Era, 1976.

*Versión.* Mexico City: Fondo de Cultura Económica, 1978
   (republished, Mexico City: Era and the Consejo Nacional
   para la Cultura y las Artes, 2005).

*Incurable.* Mexico City: Era, 1987.

*Historia.* Mexico City: Ediciones Toledo, 1990.

*Lápices de antes.* Guadalajara, Jalisco: Toque de Poesía, 1994.

*La sombra de los perros.* Mexico City: Editorial Aldus, 1996
   (republished 2004).

*Desdoblamientos.* (17-poem special section) *Fractal 2*
   (January–March 1997): 45–64.

*La música de lo que pasa.* Mexico City: Consejo Nacional
   para la Cultura y las Artes, 1997.

*Calcinaciones y vestigios.* Mexico City: Instituto de Seguridad
   y Servicios Sociales de los Trabajadores del Estado, 2000.
   (Republication of *Huellas del civilizado, Historia,* and
   *Lápices de antes* in one volume.)

*Los cuadernos de la mierda* (in collaboration with Francisco
   Toledo). Oaxaca: Museo de Arte Contemporáneo de
   Oaxaca, 2001.

*El azul en la flama.* Mexico City: Era, 2002.

*Hacia la superficie.* Zapopan, Mexico: Filodecaballos, 2002.

*La olla.* Mexico City: Agrupación para las Bellas Artes, 2003.

*La calle blanca.* Mexico City: Ediciones Era and the Consejo
   Nacional para la Cultura y las Artes, 2006.

# Before Saying Any of the Great Words

## DAVID HUERTA

SELECTED POEMS

TRANSLATED BY MARK SCHAFER

COPPER CANYON PRESS
PORT TOWNSEND, WASHINGTON

Cover art: © iStockphoto / Hélène Vallée

La presente traducción fue realizada con apoyo del Programma de Apoyo
a la Traducción de Obras Mexicanas a Lenguas Extranjeras (El ProTrad).

This work in translation was supported by the Program of Support for the
Translation of Mexican Works into Foreign Languages (PROTRAD).

A number of translations in this collection were published in the
following publications: *American Poetry Review, Antioch Review, Atlanta
Review, The Bitter Oleander, BOMB Magazine, Jacket, Mandorla,
Massachusetts Review, Memorious, Oregon Literary Review, Poetry
Daily, Salamander, Shearsman, Spoon River Poetry Review, Reversible
Monuments, Review: Latin American Literature and Arts, Two Lines,*
and *Web Conjunctions.*

Copper Canyon Press is in residence at Fort Worden State Park in Port
Townsend, Washington, under the auspices of Centrum. Centrum is a
gathering place for artists and creative thinkers from around the world,
students of all ages and backgrounds, and audiences seeking extraordi-
nary cultural enrichment.

LIBRARY OF CONGRESS CATALOGING-IN-PUBLICATION DATA

Huerta, David, 1949–
   [Poems. English & Spanish. Selections]
   Before saying any of the great words : selected poems / translated by
Mark Schafer.
       p. cm.
   Includes index.
   ISBN 978-1-55659-287-4 (pbk. : alk. paper)
   I. Schafer, Mark. II. Title.

PQ7298.18.U28A6 2009
861'.64—DC22

                                                2008034599

98765432 FIRST PRINTING

COPPER CANYON PRESS
Post Office Box 271
Port Townsend, Washington 98368
www.coppercanyonpress.org

# Contents

# Translator's Note and Acknowledgments

My intention in creating this selection of David Huerta's poetry in English is twofold. On the one hand, I want to offer English-speaking readers an overview of Huerta's poetry since he published his first book, *El jardín de la luz,* in 1972. On the other hand, given that Huerta is alive and well, writing and publishing prolifically, I want to give readers ample opportunity to revel in his more recent work.

With these two goals in mind, I have divided *Before Saying Any of the Great Words* into three sections. The first contains a brief selection from Huerta's first three volumes of poetry. David Huerta, son of the acclaimed Mexican poet Efraín Huerta, was twenty-two when *El jardín de la luz* was published. *Jardín* introduced the voice of a smart young poet whose work revealed a voracious reading of poetic traditions across many centuries and several languages.

However, it was Huerta's second collection, *Cuaderno de noviembre* (1976), that established him as a bold and innovative poetic voice in Mexican letters. Comprising fifty untitled sections, *Cuaderno* boasted a vast lexicon in the service of a voice focused, in part, on the process of writing. Huerta's new work rejected the Romantic and Modernist idea of the poem as a transparent form of communication transmitted by a stable "I" standing outside of language, and instead embraced irony, parody, and ambiguity.[1] At the same time, the language of *Cuaderno* was lush, filled with stunning imagery and, at times, overtly philosophical. Huerta had taken the neobaroque school of poetry with its focus on the image—exemplified by

the work of the Cuban poet José Lezama Lima—and given it his personal voice and a postmodern approach to narration.

*Cuaderno* is considered a milestone in late-twentieth-century Mexican letters—as is Huerta's third collection of poetry, *Versión* (1978). When *Versión* was republished in 2005, it was belatedly awarded the Xavier Villaurrutia Prize, one of Mexico's most prestigious literary awards (which Huerta's father had also won, in 1975). The jury stated that *Versión* represented one of the finest poetic voices in Mexican letters. As the critic Josué Ramírez noted, *Versión* "combines *Cuaderno de noviembre's* discursive tone with a narrative line: memory is the storehouse of blended recollections where fact is mixed with fiction, imagination with dreamlike atmospheres. The result is a poetic form that breaks with lyricism and the feverish depersonalization of the poem."[2] As Carlos Pineda commented, Huerta's poetry since *Versión* "swings between cryptic expression and immediacy, between the baroque and the colloquial, between the commonplace and the marvelous..."[3]

The second section comprises fifteen fragments from Huerta's monumental nine-part poem, *Incurable,* the sweeping opus he published in 1987. The appearance of *Incurable,* the longest poem in Mexican history, was a literary event. In the course of 389 pages Huerta pulls out all the stops, taking the long-lined delirium of syntax, imagery, and vocabulary from *Cuaderno de noviembre* and combining it with *Versión*'s incipient self-referentiality and its hyperconscious concern with language and writing. Present as well in this polyphonic epic are many of Huerta's long-standing poetic concerns: his questioning of the expressive possibilities of written language, his interest in the philosophical issues posed by French poststructuralism, his wide-ranging and erudite intertextuality, and his labyrinthine

intratextuality, all expressed in a torrent of language. It confounded many readers and astonished all. Some read it as a poem, others as a novel, and still others as a kind of fractured self-portrait. The debate continues, but decades later the importance and exceptional nature of *Incurable* in Mexican literature is undisputed.

The third part, covering Huerta's post-*Incurable* poetry published through 2006, constitutes the bulk of this collection. In the books that followed *Incurable,* such as *Historia* (1990), *Lápices de antes* (1994), *La sombra de los perros* (1996), and *La música de lo que pasa* (1997), Huerta pared back his poems. His shorter poems—shorter both in length and in width—leave behind the extreme self-examination and focus on language on display in *Incurable,* to some extent shifting from language poetry toward artistic commentary.

However, even in Huerta's shortest poems, the centrality of the image—a moment frozen in time, by which language comes the closest to telling the truth about the world—continues to characterize his work. In some of his most recent books, such as *Hacia la superficie* (2002), Huerta revisits the extended prose poem, a form he first used in *Historia.* Returning to his neobaroque roots, Huerta constructs dense blocks or sheets of language, rendering his poetry again opaque, its surface thick and rich with fissures. So it is that in Huerta's recent work one can find some of his longest poems as well as some of his most concise. Today David Huerta continues to mine the many rich lodes of language he worked in his first three books, and to search beyond them.

*

There are many people and several organizations I want to thank for helping to make this book possible.

Salvador Castañeda, Alberto Ruy Sánchez, and Daniel Shapiro were instrumental in the formation of this book. Mónica de la Torre and Michael Wiegers were superb editors of my translations of David's poetry that first appeared in the anthology *Reversible Monuments* (Copper Canyon Press, 2002).

My participation in the inaugural residency of the Banff International Literary Translation Centre (BILTC) at the Banff Centre for the Arts in 2004 provided me with the space, support, and community I needed to transform my translation of a dozen or so poems by David into a plan for a full-blown book—and to get David officially into the act. In particular, I want to thank BILTC founding director extraordinaire Linda Gaboriau; support staff Carol Holmes, Kathy Morrison, and Christy MacIntosh; my gang of fellow BILTC translators— Nathalie Stephens, Antón Gariskano, and Anne Malena; BILTC faculty members Patricia Godbout, Suzanne Jill Levine, and Breon Mitchell; and Anthony Kiendl of the Banff Visual Arts Department.

The Writers' Room of Boston, Inc., provided me with a cubicle of my own (plus amenities!) for most of the production of this book, and my Writers' Room colleagues offered me much-needed company and relief from lengthy periods of isolation. In addition, over the past sixteen years, I have been fortunate to enjoy the company and the insightful feedback of a host of wonderful translators in the Boston-area Translators Group, particularly Cola Franzen, my personal patron saint and guardian angel of literary translation.

With this volume, I pay a debt of gratitude to the National Endowment for the Arts for the translation fellowship it awarded me in 2005. I got the call three weeks before I was

laid off, and at a time when I was desperate to finish this book. The NEA fellowship made it possible.

David Huerta would like to dedicate this volume to Iván Lombardo (1966–2008) and to Verónica, *como siempre*.

I want to thank David's loving wife, Verónica Murgía, for being so generous with him, and Marjorie Salvodon, my life partner, for being so loving and generous with me. Each is an inspired writer in her own right. Finally, my parents, Bert Schafer (1934–2006) and Alice Schafer, have appreciated and supported me as a translator ever since I began, long ago.

MARK SCHAFER
ROXBURY, MASSACHUSETTS
FALL 2008

1 Ana G. Chouciño Fernández, "Poesía del lenguaje en México: Rechazo de la comunicación convencional," *Hispanic Review* 66 (Summer 1998): 245–246.

2 Josué Ramírez, "*Versión* entre nosotros," *Hoja por hoja* 9, no. 106 (March 2006).

3 Carlos Pineda, review of *La calle blanca, Periódico de poesía,* http://www.periodicodepoesia.unam.mx/index.php?option=com_content&task=view&id=109&Itemid=81.

*Before Saying Any*
*of the Great Words*

*I. Early Poetry*

## A tientas en el corazón de la música

A tientas en el corazón de la música
me he quedado ciego. Recordé a Flebas
—sus orejas atenazadas por un montón de algas,
sus ojos abiertos que viajaban ingrávidos
hacia la roca tatuada de reflejos,
los peces como ratas alrededor de su cuerpo
y los brazos y piernas derruidos
por el piadoso comején submarino.
A tientas, en vilo entre las constelaciones,
he creído que la garganta me estallaba
y que la sangre gemía y resplandecía
en un incendio de espirales.
Oí canciones en el jardín de los cadáveres:
canciones como caricia de narcóticos.
Pensé en el sueño doble de Rrose Sélavy.
A tientas en el corazón de la música
sentí la magnética y muda palidez del hambre
y vi el trono de la sed recamado de líquenes.
Caminé por un lugar de adormideras
y me puse los guantes de las pesadillas.
En el enardecido resplandor de los oídos
hormigueaban los sueños como penachos rotos.
A cielo cerrado, en la garganta,
bailaban las palabras y las sílabas.
El corazón de la música latía
lleno de sangre iluminada.

## "Fumbling through the heart of music"

Fumbling through the heart of music
I have gone blind. I remembered Phlebas,
—ears besieged by mounds of seaweed,
open eyes drifting weightless
toward the rock tattooed with reflections,
fish like rats around his body,
and his arms and legs ravaged
by the merciful termite of the sea.
Fumbling, suspended among the constellations,
I have believed that my throat would burst
and that my blood howled and gleamed
in a conflagration of spirals.
I heard songs in the cadavers' garden:
songs like the stroking of narcotics.
I thought of the double dream of Rrose Sélavy.
Fumbling through the heart of music
I felt the mute and magnetic pale of hunger,
saw thirst's throne overlaid with lichen.
I walked through a stand of opium poppies
and donned the gloves of nightmares.
Dreams swarmed like broken helmet plumes
in the blazing radiance of my ears.
Under a leaden sky, words and syllables
were dancing in my throat.
The heart of music throbbed,
flush with illuminated blood.

## "Hay un fresco nivel donde el objeto surge con el abrigo necesario de su designación"

Hay un fresco nivel donde el objeto surge con el abrigo nece-
sario de su designación:
es el norte del nombre,
luz cumplida que lleva en las alforjas, como el pincel de flama
que tiene
el color *amarillo* en sus aristas.
Nuestro gesto de cera cuando estamos dormidos tiene raíz en
la palabra *muerte*.

Y las sucias y brillantes palabras, y su colocación en medio de
frases inexorables y cansadas.

(Atraviesan el sueño palabras duras, enormes, ladeadas como
pesados trasatlánticos;
o nombres directos, disfraces de polvo, sonidos quebrantados,
las elaboraciones del cuerpo y sus frutos interjectivos, y el
sudor de un idioma sombrío y resistente.)

He dicho que tu boca es un lenguaje que mi boca entiende.

Las mañanas en la ciudad están cubiertas por estantes llenos y
desesperantes como cabellos muertos,
libros y páginas y páginas una y otra vez tocadas
por las alteraciones del asombro y la señal derretida del
cansancio:
nada podría compararse al hecho de acercar el oído a tus
innumerables residencias
y escuchar el arroyo insistente de tu respiración,
las fábricas de tu vida, las minas de tu pecho, el armazón
fuerte y sutil de tus huesos;

## "There is a fresh level where the object emerges with its requisite jacket of designation"

There is a fresh level where the object emerges with its requi-
> site jacket of designation:
it is the north of the noun,
the full light carries it in its saddlebags like the paintbrush
> whose flame contains
the color *yellow* in its edges.
Our waxen gesture in which we sleep finds its root in the
> word *death*.
And the dirty and brilliant words and their placement among
> inexorable and tired phrases.

(Hard, enormous words cross through sleep, listing like heavy
> transatlantic ships;
or direct nouns, disguises made of dust, shattered sounds,
the body's elaborations and its exclamatory fruits, and the
> sweat of a somber and resistant tongue.)

I have said that your mouth is a language my mouth under-
> stands.

Mornings in the city are lined with packed and maddening
> shelves like strands of dead hair,
books and pages and pages touched again and again
by the alterations of surprise and the dissolved sign of
> weariness:
nothing could compare with the act of drawing your ear close
> to your innumerable residences
and listening to the insistent stream of your breath,
the factories of your life, the mineshafts of your breast, the
> strong and subtle framework of your bones,

porque ahí se oye gotear una y otra palabra, en las íntimas
    playas de tu cuerpo:

hay una frase que tu sonrisa anuncia o prepara, algo que he
    presentido
en el bosque de tu cabeza levantada, en la riqueza de tus ojos
    cerrados,
en el segundo de tu parpadeo, en tu espacio exacto:
Eso ha terminado en tu voz, en el estar de tu voz;
en la composición de tus palabras contra la ventana de mi
    esperar,
y en mi destino de escucha, de vigía, de vaso limpio en un
    reposo de mesa en el mundo:
bajo las precipitaciones de una hora que vacía sus imágenes
con un chispazo extendido
hacia la clausura del día, en la ciudad,
entre las lunas tiradas al fondo de los callejones,
rápidos mensajes y dedos angustiosos, cartas que no se envían,
mujeres que ven ceniza o sangre en el cielo, muchachos encer-
    rados con la cabeza negra y astillada,
señores altos que miran el océano y suspiran con la boca
    torcida,
transportes y oficinas, neón y lentos equipajes,
discursos y golpes y noches arrinconadas contra el tiempo del
    siglo, aquí, ayer o siempre.

Todo lo que menciono, el turbio lago que inextinguiblemente
    nos rodea,
está lejos del nombre, y más allá de la luz que yo puedo dibu-
    jar con tu recuerdo y tu respiración:
lo sé mientras escucho el aire, las voces agobiantes, el ardor del
    hastío,
el encendido instante donde sobrevivimos.

for that is where one hears the trickling of a couple of words
    on the intimate beaches of your body:

your smile heralds or composes a phrase, something I have
    foreseen
in the forest of your lifted head, in the riches of your closed
    eyes,
in the second of your winking, in your space itself:
that has ended in your voice, in the presence of your voice,
in the arrangement of your words against the window of my
    expectation,
in my fate as a listener, as a watchman, as a clean glass on the
    repose of a table in the world:
under the precipitations of an hour emptying its images
in a drawn-out spark
toward the closing of the day, in the city
among moons tossed in the back of alleyways,
swift messages and anguished fingers, letters never sent,
women who see ashes or blood in the sky, shut-in boys with
    black and shattered hair,
tall gentlemen who look at the sea and sigh with twisted
    mouths,
vehicles and offices, neon and slow luggage,
speeches and blows and nights laid away against the time of
    the century, here, yesterday, or always.

All these things that I mention, the murky lake that rings us
    inextinguishably,
are far from the noun, are beyond the light I can draw with
    your memory and your breath;
I know this as I listen to the wind, the grinding voices, the heat
    of weariness,
the kindled instant in which we carry on.

## "Ahora todo mi pensamiento fracturado en un 'sentido de mundo'"

Ahora todo mi pensamiento fracturado en un "sentido de
      mundo",
olor y ruido de árboles metidos en la vasija de noviembre, sin
      la comedia que esperaba ver cumplirse en el bosque,
sabor de criatura tenaz, oída, minuciosa, bajo el musgo de una
      idea natural o terrible pero siempre callada,
recogida en la mano invernal como un don que niega lo que
      dentro de mi cabeza se rompe sin pasión ni locura
sino con un silbido corto, dos chasquidos, cuatro deslizamien-
      tos hacia el arroyo del sueño;

caigo en las vértebras del fuego líquido pero es un azúcar
      tenue y reposado,
un baño de labios y un temor extendido como un barniz en mi
      boca,
una pincelada de aceite, mis pulmones y su caricia en una
      especie de "penacho" donde temblaban mis ideas,

y luego todo se descompuso en el clima de la fractura,

siete y luego nueve cosas rompieron sus amarras y perdieron
      su identidad,
me encontré aturdido en la línea de lo "mismo", desmayán-
      dome lo comprendía:

olor y ruido de árboles y criaturas tenaces tocando algo como
      un penacho,
mis ideas que saltaban en chispas, en esquirlas, en pedazos
      hacia el barniz de mi boca,
el temor de mi voz en medio de los chasquidos y la música
      torcida de noviembre

## "Now all of my fractured thought in a 'sense of the world'"

Now all of my fractured thought in a "sense of the world,"
scent and noise of trees placed in the vessel of November,
        lacking the comedy that awaited fulfillment in the woods,
taste of stubborn creature, heard, meticulous, under the moss
        of a natural or terrible but always quiet idea,
collected in the wintery hand like a gift that denies what is
        shattering in my head without passion or madness
but rather, with a short whistle, two snaps of the fingers,
        slipping four times toward the ravine of dream;

I fall in the vertebrae of the liquid fire, but it is a faint and
        restful sugar,
a bath of lips and fear spread like varnish in my mouth,
a brushstroke of oil, my lungs and their caress in a kind of
        "crest" where my ideas trembled,

and then everything decomposed in the atmosphere of the
        fracture,

seven and then nine things broke their moorings and lost their
        identity;
I found myself bewildered in the tendency of the "same,"
        fainting I came to understand it:

scent and noise of trees and stubborn creatures touching
        something like a crest,
my ideas leaping in sparks, in splinters, in shards to the
        varnish of my mouth,
the fear in my voice amid the snapping of fingers and the
        twisted music of November

puesta en la espesura con toda deliberación, incrustada ahí sin desánimo ni inocencia.

deliberately set in the thickness, inlaid there without dejection
or innocence.

## Ana y el mar

En el instante hay una fractura que brilla,
una separación donde veo el rostro de Ana salir con una con-
	fusa expresión
de entre las cortinas de aquella casa sobre la costera
	amalfitana,
y entonces digo: esto debe llamarse "el recuerdo",
las tentativas de la realidad para recuperarse en una materia
	calcinada en otro pliegue del calendario,
en otro sitio ahora diferente a los hechos impresos en la brusca
	y deliciosa memoria,
este volver del cuerpo de Ana contra la tarde, entre las holan-
	das y sonriendo con esa humedad suya sobre los labios
	adolescentes,
esa conversación, luego, en Roma, cuando me dijo
cómo y quién —pero sobre todo quién, y escupo sobre este
	recuerdo, y me aborrezco—,
cómo y quién, esa primera vez borrada y sin embargo presente
	en la tristeza de Ana cuando me mira, cuando me veía
	directamente a los ojos
y había en ese aire suyo de animal duro y ágil una huella de
	ruego y humillación que yo no entendí,

por eso debo recapitular y examinar de cerca esto que vuelve,
esto que llamo una fractura en el paso del tiempo,
una continuidad en la intermitencia o al revés (no sabría expli-
	carlo y de todas maneras debe ser tan sencillo),
un instante en el que Ana vuelve a poner sus manos bajo la
	lluvia
y a reír junto a mí —28 años mayor que ella, pero qué
	importaba y qué importa, me digo

14

# Ana and the Sea

A rift glistens in the instant,
a division through which I watch Ana's face emerge, confused,
between the curtains of that house on the Amalfi coast,
and then I say: this must be what we call "remembering,"
reality's attempt to revive itself as charred matter on another
      page of the calendar,
somewhere else, this time different from the events impressed
      on memory, abrupt and delicious,
this return of Ana's body against the afternoon, between the
      bed linens, smiling with that moisture of hers on those
      adolescent lips,
that conversation, later, in Rome, when she told me
how and who—but above all who, and I spit on this memory
      and loathe myself—
how and who, that first time erased yet inhabiting Ana's sad-
      ness when she watched me, when she looked me straight
      in the eye
and in her bearing of a tough and agile animal was a hint of
      pleading and humiliation that I didn't understand,

which is why I must recount and scrutinize what is returning,
what I call a rift in the passage of time,
an intermittent continuity or the other way around (I can't
      explain it and yet it must be so simple),
an instant in which once again Ana holds her hands under the
      rain
and laughs beside me—28 years older than she, but what did
      that matter and what does it matter, I tell myself

y me decía entonces, y es verdad, a menos que...—, un
     momento en que el verano compartido me golpea con
     una fuerza tenue y digo mentalmente
todas esas palabras que ella oía con un aire encantado e
     indiferente,

por eso debo pensar que todo eso tuvo algún sentido,
el acercamiento inexplicable y la caída en las tardes y noches
     fervorosas, rendidos y con dos vasos de leche en la mano,
todavía en la cama, en el agradable calor que invadía el cuarto
     y nos tocaba con hilos finos
y nos envolvía después, mientras oír el mar era otra manera de
     vivir con todo el cuerpo ese par de semanas que se pro-
     longaría innecesariamente en Roma
(pero ¿por qué tenía que ser así, por qué?), en el tráfago
     inmundo y exacerbado,
con citas en la Piazza Navona y el paseo —que a mí no me
     gustaba y a ella le fascinaba—
hasta Campo dei Fiori, a ver a los muchachos de ojos enig-
     máticos y maneras frugales,
y después caminar hasta el *vicolo* donde vivía yo y encender el
     radio, preguntarle qué quería beber,
mirar el techo y no pensar en nada, en nada, hasta que ella
     sonreía y tratábamos entonces de volver a ganar, inútil-
     mente,
un destello verdadero de lo ocurrido hacía apenas cuatro o seis
     días,
y ella se movía con destreza y flexibilidad hacia mí, con un
     ardor puro y joven,

por eso debo pensar en ella, recordarla aunque ahora esté de
     nuevo todo en orden
(porque, es claro, aquello fue un desorden, un desmadejarse
     insólito de mis costumbres de viudo,

and told myself then, and it's true, unless...—a moment when
    the summer we shared taps me faintly and in my head I
    tell myself
all those words she listened to with a look of enchantment and
    indifference,

which is why I have to think that all this meant something,
the inexplicable drawing near and the fall in the feverish after-
    noons and nights, exhausted and holding two glasses of
    milk,
still in bed, in the pleasant warmth that invaded the room and
    brushed us with its fine threads
and then enveloped us, while listening to the sea was another
    way of experiencing with our whole bodies those couple
    of weeks that would be unnecessarily prolonged in Rome
(but why did it have to be that way? why?) in the nasty and
    exasperating routine,
with dates in the Piazza Navona and the walk—which I dis-
    liked and she found thrilling—
to Campo de Fiori, to see the boys with the enigmatic eyes and
    frugal ways,
and then walking to the *vìcolo* where I lived and turning on
    the radio, asking her what she wanted to drink,
staring at the ceiling and not thinking of anything, anything at
    all, until she smiled and then we
would try, to no avail, to recover an original glimmer of what
    had taken place just four or five days earlier,
and she would move toward me, smooth and limber, with a
    pure and youthful passion,

which must be why I think of her, remember her although
    everything is back in place again
(for, clearly, it was all a mess, a disturbing enervation of my
    widower's ways,

un levantarse de extrañas capas de hábitos para ver algo que
    me enceguecía y saturaba),
aunque ella se haya ido con la facilidad con que llegó (¿adónde
    o a quién llegó?, no fue a mí, lo sé),
aunque Ana, con su cara olivácea de grandes ojos frescos,
no esté ni vaya a regresar, y yo mire el fondo de estas y otras
    tazas de té perfumado buscando un pedazo de esa especie
    de maravilla
que es el amor negado, vuelto a encontrar, perdido, deshecho y
    evocado con amargura en el recuerdo a solas,
en medio de este dolor del costado y este contestar cartas de
    mi remota y vieja hermana, de mis primos a punto de
    morir de neumonía,
en medio de esto que escribo para distraerme —y para ale-
    jarme de esa fractura y exorcizarla—, de esto que escribo
con un miedo atroz de parecer y creer que estuve enamorado
    de esa muchacha llamada Ana, cuando sé
que no es posible, no, porque entonces nada tendría sentido,

ni este ponerse a pensar en medio de las lluvias oscuras de esta
    Roma desfigurada y bella en su íntima lejanía
que veo desde mi ventana solitaria, casi abstracta,
ni estas consideraciones sobre el tiempo que debería tirar al
    cesto de los papeles porque son otra cosa de lo que
    debería decir—y decirme—,
ni este sabor de vómito que me sube desde la garganta y me
    hace pensar en todas mis muertes posibles,
ni este profundo asco —que siento injusto y excesivo— cuando
    me veo al espejo
y pienso en Ana, en su dorada piel brillando insoportable-
    mente sobre el mar de Amalfi.

a lifting of strange strata of habits so I could see something
       that blinded and overloaded me),
although she may have gone as quickly as she came (where or
       for whom did she come? I know it wasn't me),
although Ana, with those large, fresh eyes in that olive face,
isn't here nor will she return, and although I look at the
       bottom of these and other cups of scented tea, seeking a
       piece of that sort of wonder
that is love refused, reclaimed, lost, undone, and bitterly
       summoned in memory when one is alone,
as I feel this pain in my side and respond to letters sent by
       my old and distant sister, by cousins about to die of
       pneumonia,
as I write this down to distract myself—and to distance myself
       from that rift and to exorcise it—from this that I am
       writing,
dreadfully afraid of appearing to be, believing that I was in
       love with that girl named Ana, when I know
it is impossible, impossible, for then nothing would make any
       sense at all,

not this reflection while the dark rains fall in this disfigured
       and beautiful city of Rome, intimate in its distance,
which I see from my solitary, almost abstract window,
not these thoughts about time that I ought to toss in the
       trash can for they are not what I should be saying—
       telling—myself,
not this taste of vomit that rises in my throat and leads me to
       think of all my potential deaths,
not this deep revulsion—which feels unjust and excessive—
       when I look at myself in the mirror
and think of Ana, her golden skin shining unbearably on the
       Amalfi Sea.

# Nueve años después

## UN POEMA FECHADO

Yo aparecí en la sangre de octubre, mis manos estaban fúne-
  bres de silencio
y tenía los ojos atados a una espesa oscuridad.

Si hablaba, mi voz me sonaba como una materia desalojada,
mis huesos estaban empapados de frío,
mis piernas fluían con el tiempo, moviéndose hacia afuera de
  la plaza,
en una dirección extraña y sin sentido: de renacimiento,
llevándome a los espejos y las calles desordenadas.

La ciudad estaba arrasada por el silencio,
cortada como un cuarzo, tajos de luz diagonal daban sus
  raciones apretadas
a las esquinas, los cuerpos estaban callados y aplastados con-
  tra su vida,
pero había otros cuerpos también, pero había otros cuerpos
  también.

Hablo con mi sangre entera y con mis recuerdos individuales.
  Y estoy vivo.

Yo me pregunto: ¿cómo tenemos los ojos, las manos, el cere-
  bro y los huesos
después de que salí de la plaza? Todo es denso, voluminoso, y
  fluye,
después de que salí de la plaza.

El aire me decía que todo estaba quieto, esperando.

# Nine Years Later

## A Dated Poem

I appeared in the blood of October, my hands funereal in their
    silence
and my eyes tethered to a thick darkness.

When I spoke, my voice sounded like displaced matter,
my bones were drenched in cold,
my legs flowed with time, moving out of the plaza
in a strange and pointless direction: that of rebirth,
leading me to the mirrors and the unruly streets.

Silence had razed the city,
cut it like quartz, light sliced down in diagonals, delivering its
    tight rations
to the street corners, bodies were hushed and crushed against
    their lives,
but there were other bodies too, but there were other bodies
    too.

I speak with all my blood and with my own particular memories.
    I am alive.

I ask myself, what are our eyes, our hands, our brain, and our
    bones
after I left the plaza? Everything is dense, massive, and
    streaming
after I left the plaza.

The air told me that all was quiet, waiting.

Yo me moví hacia afuera de la plaza, mi boca estaba quemada
    por los recuerdos,
y mi sangre estaba fresca y luciente como un anillo continuo
en el interior de mi cuerpo absolutamente vivo. Pues me movía
hacia afuera de la plaza, entero y respirando.

Respiraba imágenes y desde entonces todas esas imágenes me
    visitan en sueños,
rompiéndolo todo, como caballos delirantes.

Estaba en el amasijo del día el espejo de la muerte.
Y una palabra de mi vivir colgaba de un borde infinito.

Yo no quisiera hablar del tamaño de aquella tarde,
no poner aquí adverbios, gritar o lamentarme.

Pero quisiera, sí, que se viera toda una quemadura de cólera
manchando el espejo de la muerte.
¿Dónde podría poner mi vivir, mis palabras
sino ahí, nueve años después, en esa cólera fría,
en ese animal de ira que se despierta a veces para esmaltar mi
    sueño
con su aliento sanguinario?

Toda mi sangre circula por mi vivir, entera, incuestionable.
Pero entonces oí cómo se detenía, amarrada a mi respiración,
y golpeando, con el sordo llamado de su inmovilidad,
    golpeando
mis voces interiores, mis gestos de vivo humano,
el amor que he podido dar y la muerte que mismamente
    entregaré.

Luego vino el miedo a mis ojos para cubrirlos con sus dedos
    helados.

I moved out of the plaza, my mouth scorched by the
      memories,
my blood fresh and shining like a single ring
inside my body, altogether alive. So I was moving
outside of the plaza, whole and breathing.

I breathed in images and ever since all those images visit me in
      my dreams,
smashing everything like wild-eyed horses.

The mirror of death was in the kneading of the day.
A word from my life dangled from an infinite edge.

I have no desire to speak of the magnitude of that afternoon,
to set down adverbs here, shout or lament.

But yes, I would like a vast burning of rage to appear,
staining the mirror of death.
Where could I place my life, my words
but there, nine years later, in that cold rage,
in that furious animal that now and then awakes to enamel my
      dreams
with its bloodthirsty breath?

My blood circulates whole through my life, complete,
      unquestionable.
But then I listened as it stopped, bound to my breathing,
and pounding, with the deaf cry of its immobility, pounding
the voices inside me, my live human gestures,
the love I have been able to give and the death I will truly
      surrender.

Then fear crept into my eyes to cover them with frigid fingers.

Todo el silencio de mi cuerpo abría sus alveolos
frente a los cuerpos arrasados, escupidos hacia la muerte por el
    ardor de la metralla:
esos cuerpos brillando, sanguíneos y recortados contra la des-
    menuzada luz de la tarde,
otros cuerpos diferentes del mío y más diferentes aún,
porque habían sido extirpados a la vida humana por un tajo
    enorme,
por una vertiginosa ferocidad, por manos de una fuerza
    doliente que se lanzaba, aullando,
contra esos cuerpos más tenues ya que la tarde
y más y más brillantes, en mi sueño de todavía vivo ser
    humano.

Es verdad que escuché la metralla y ahora esto escribo,
y es verdad que mi sangre fluye de nuevo y todavía sueño
con una especie de muerta duda, y veo a veces mi cuerpo
    desnudo
como un espacioso alimento para la boca devoradora del
    amor.

¿Dónde estuvieron las ataduras de mi vivir,
mis espejos y mis días, cuando sobrevino la tarde en la plaza?

Si tomo un pedazo, una brizna de mi cuerpo para ponerla
    contra el recuerdo de esa tarde en esa plaza,
retrocedo asustado a mi vida como si me hubieran golpeado en
    la boca
los dedos levísimos de cientos de fantasmas.

Hablo de estos recuerdos inmensos porque tenía que hacerlo
    alguna vez, así o de otra manera.

All the silence in my body opened its alveoli
at the sight of the razed bodies spat toward death by the
        shrapnel's zeal:
those gleaming bodies, blood red and cut out against the
        shredded light of afternoon,
other bodies different from my own and more different still
for they had been uprooted from human life by an enormous
        slashing,
by a vertiginous ferocity, by the hands of a painful force that
        hurled itself, howling,
against those bodies that were more tenuous even than the
        afternoon
and more and more brilliant, in my still-alive human being's
        dream.

It is true that I heard the shrapnel and now write this down,
and it is true that my blood is flowing once again and that I
        still dream
of some sort of deceased doubt and sometimes see my naked
        body
as a plentiful meal for the ravenous mouth of love.

Where were the tethers of my life,
my mirrors, and my days, when afternoon fell on the plaza?

If I take a piece, a thread of my body, to hold against the
        memory of that afternoon in that plaza,
I back off, frightened of my life as if I had been punched in the
        mouth
by the ever-so-light fingers of hundreds of ghosts.

I speak of these enormous memories because I had to do it,
        sooner or later, like this or in some other way.

Yo salía de la plaza con un vivo estupor en la boca y los ojos
y sentía mi saliva y mi sangre, vivo aún.
Era una noche fresca, dada al tiempo.
Pero en las calles, en las esquinas, en las habitaciones,
había cuerpos aplastados y sellados contra su vida por un
      miedo gigantesco y amargo.
Un anillo de miedo estaba cerrándose sobre la ciudad
como un sueño extraño que no cesaba y que no conducía a
      ningún despertar.

Era el espejo de la muerte lo que sobrevenía.
Pero la muerte había ya pasado con sus armaduras y sus
      instrumentos
por todos los rincones, por todo el aire abolido de la plaza.
Era el espejo de la muerte con sus reflejos de miedo
lo que nos daba sombra en una ciudad que era esta ciudad.

Y en la calle era posible ver cómo una mano se cerraba,
como sobrevenía un parpadeo, cómo se deslizaban los pies,
      con un silencio espeso,
buscando una salida,
pero salidas no había: solamente había
una puerta enorme y abierta sobre los reinos del miedo.

OCTUBRE DE 1977

I was leaving the plaza, raw astonishment filling my mouth
and my eyes,
and I felt my saliva and my blood, still alive.
It was a cool night, given to time.
But in the streets, on the corners, in the bedrooms,
bodies were smashed and stamped against their lives by a
colossal, bitter fear.
A ring of fear was tightening around the city
like a strange dream that would not stop and led to no
awakening.

It was the mirror of death overtaking the world.
But death had already passed with its armor and its
implements
through every nook and cranny, through all the abolished air
of the plaza.
It was death's mirror with its reflections of fear
which gave us shade in a city that was this city.

And in the street one could watch as a hand was closing,
as an eyelid was blinking, as feet were slipping away in thick
silence,
seeking a way out,
but there was no way out: there was only
an enormous door opened onto the kingdoms of fear.

OCTOBER 1977

27

# Index

*para Jorge y África*

I

Cada tema entra alguna vez en el claroscuro de la palabra que
    lo convoca,
la cosa, la mera cosa rala y directa, cede a la ola del lenguaje,
la frase recortada termina en el agua de la página como un
    pedazo de madera para el naufragio tenaz, deseoso,
    escéptico, niebla de filo en llamas,
del escritor: a este mar has llegado, *hijo del hombre,*
pedazo agitado de la neutra realidad, encendida pobreza con
    sólo oscuras manos para meterlas en esto, hirviente y
    desolado,
con ojos vagos para el enorme trazo que todo te daría,
con la boca meticulosamente puesta en el silencio de escribir,
    mientras afuera tiembla el verano con pesados reflejos.

2

Y es cierto: cada tema entra en el orden longilíneo de estos sig-
    nos, en el espacio de los sentidos posibles,
en el área donde alguien supone que todo se entenderá,
dispuesto así, en renglones inequívocos y sumisos al dic-
    cionario, a la biblioteca, a la tradición,
todo el aire sucio y la saliva colocados cuidadosamente afuera,

# Index

*for Jorge and África*

1

Every topic enters at least once in the chiaroscuro of the word
    that summons it;
the thing, the thing itself, spare and to the point, bends before
    the wave of language,
the clipped phrase concludes in the water of the page like a
    chunk of wood for the tenacious, desirous, skeptical
    shipwreck of the writer, fog on its edge, aflame:
you have arrived at this sea, *son of man,*
flustered chunk of neutral reality, kindled poverty with nothing
    but dark hands to stick in this bubbling, disconsolate
    mess,
with blurry eyes for the huge stroke of the pen that would give
    you everything,
with your mouth meticulously set in the silence of writing,
    while outside summer trembles with ponderous
    reflections.

2

And it's true: every topic enters into the longitudinal order of
    these signs, the space of all possible meanings,
the region where someone presumes that everything will be
    understood,
set out as such, in unequivocal lines, acquiescing to the dic-
    tionary, to the library, to tradition,
all the grimy air and saliva carefully placed outside,

expulsado el verano con su pegajoso sudor de tiempo, con sus
   arenas confusas—y no hay otra manera de decirlo.
Escribir sería o es una forma de la pobreza, una porquería dis-
   culpable—pero ¿hay que pedir perdón por algo?—:
Artaud tenía razón, siempre es mejor abrazarse a uno mismo y
   roer estos huesos en un rincón aparte, no molestar a los
   demás, inocentes y esquivos,
no perseguirlos con estas cuartillas que arderían tan bien
   durante el invierno, en los suburbios.


3

"Escribir" deposita la realidad contra el azul o el blanco,
finge correr bajo el agua del tiempo, toca las manos con un
   ardor continuo
y pone un alfiler de sombra en los ojos, bajo la noche que no
   cesa.
Algún fantasma viene por corredores, con sangre de la luz en
   la línea de su desplazamiento,
llega a "escribir" como al país de desdicha y pesadumbre
donde niños cambiantes abren los ojos con un color de exilio
   en la mirada.
"Escribir" puede ser un placer prohibido, una amenaza clara;
pero también, algunas veces, entra en los ministerios sobre la
   nube de la sintaxis,
calma la asidua vigilia del hombre contemplativo que mira el
   mar,
acompaña la siesta o la imaginación de la señora sola,
esfuma el ansia o la posterga, viene a ser una suerte de filatelia
   o de entomología.
"Escribir" es un contrasentido en la "noche de los tiempos que
   corren".

summer expelled with its clammy sweat of time, with its
   jumbled grains of sand—and there's no other way of
   putting it.
Writing would be or is a form of poverty, excusable drivel—
   but is there anything one must apologize for?—:
Artaud was right, it is always better to cling to oneself and
   gnaw these bones alone in a corner, not to bother the
   others, innocent and evasive,
not to pursue them with these sheets of paper that would burn
   splendidly through the winter in the suburbs.


3


"Writing" deposits reality on blue or white,
feigns to travel under the water of time, touches one's hands
   with a constant fervor,
and sticks a pin of shadow in one's eyes beneath a never-
   ending night.
A certain ghost comes down hallways, blood of light trailing
   the path of its displacement,
reaches "writing" as if reaching the country of happiness and
   affliction
where variable children open their eyes with a shade of exile in
   their gaze.
"Writing" can be a forbidden pleasure, a clear threat;
but at times it also enters the ministries on the cloud of syntax,
calms the assiduous vigil of the contemplative man gazing at
   the sea,
accompanies the nap or the imagination of the woman alone,
softens or defers anxiety, becomes a kind of philately or
   entomology.
"Writing" is a contradiction in terms in the "night of times
   that speed away."

"Escribir" es a veces meter un poco las narices en la que-
        bradiza imagen
de un lugar donde vivir puede valer la pena.

"Writing" is poking one's nose now and then into the fragile
        image
of a place where living might be worth the while.

## Actos

Rescatado en la ciudad por veinticinco segundos,
argos tenues construyen su melodía feroz en mi boca de ángel.

Indicaciones precisas para el humo de mis membranas
      continuas
y superposición de las fórmulas consabidas cuando digo u
      oigo:
—La socialización del poder es la destrucción de la política,
mi mano sorda en el aire cerrado,
escarbando con una recta inoculación las películas abatidas de
      los 37 grados centígrados
en mi frente civilizada, carajo!, y recordando
el húmedo filtro de las congregaciones sexuales...

Todo es olvido, crestas inconcebibles de sucia translucidez,
ropas leves para el fantasma tenaz —y seguir sonando en las
      calles desordenadas
con un registro bajo, un *la* separado y vibrante que ondula
cuando desabotono, meto la llave, alcanzo el baño
en medio de una luz directa y sellada con deliberación, cuando
      todo es olvido y jabón y delgados papeles higiénicos
y credenciales y desodorantes y ciudadanía.
                     ...Toco mi tierra,
mis piernas, mis duros testículos de ciervo,
mi presa carne, mi precisa columna de sabores
y mi texto del pecho, las puntuaciones, la clave morse,
la caligrafía de mis cartílagos, carajo... *ven, tiempo concreto,*
*abismo de agrias flores, persistente grafito, rezumante fulgor*
*suspendido en las precipitaciones de mis extensos desperdicios,*
*ven hasta aquí, olor de nombres.*

# Acts

Ransomed in the city for twenty-five seconds,
tenuous argos construct their fierce melody in my angel mouth.

Precise specifications for the smoke of my continuous
      membranes
and overlay of timeworn formulas when I say or hear:
"The socialization of power is the destruction of politics,"
my deaf hand in the clenched air
scraping with upright inoculation at downcast films of 37
      degrees Celsius
on my civilized forehead, goddammit! and recalling
the moist filter of sexual congregations...

All is oblivion, inconceivable crests of soiled translucence,
light clothes for the tenacious ghost—and to go on resounding
      through the unruly streets
in a low register, a distinct and vibrant *la* that undulates
as I unzip, stick the key in the lock, make it to the bathroom
through a direct and deliberately sealed light, when all is
      oblivion and cakes of soap and thin toilet paper
and credentials and deodorants and citizenship.
                         ...I touch my country,
my legs, my hard stag testicles,
my imprisoned flesh, my precise column of tastes,
and the text of my chest, the punctuation, the Morse code,
the calligraphy of my cartilage, goddammit... *come, concrete*
      *time,*
*abyss of bitter flowers, persistent graffiti, oozing brilliance*
*suspended in the precipitations of my voluminous rubbish,*
*come over here, aroma of nouns.*

# Sweet Angel

Aparezco en la saliva del ángel, ante mí los papeles ilusorios
    —desatados en la blancura del amanecer
y a punto de sumergirse en la manecilla de tinta, escritos o
    escribidos con el adorno de ebrios tachones,
como un césped meticuloso en la montaña de mi cuerpo, como
    la droga tibia del Unicornio que abre los ojos en los
    residuos, en los intersticios, en *lo que pasa.*

Aparezco en la cintura del ángel, negros papeles en mi boca y
    en el funesto ángulo de mis cabellos una moneda de
    sangre,
horror de las explicaciones y los "momentos dados", llamas de
    fieltro que vi, una tarde ardiente,
en Montealbán repleto de oscuras personas con oscuras pal-
    abras en los labios, dichas bajo un cielo diezmado.

...Todo es oscuro, por lo que paso paso con un sombrero
    húmedo y letras larvadas en el desconcertado paladar;
sueño en lo que pasa y huellas de muerte siembran líneas noc-
    turnas en mis manos inesperadas,
adopto una postura de estatua de las Cícladas, y veo mis pies
    en medio de la noche, mis pies como dos instrumentos de
    sobrias esperas y caminatas oscuras,
oscuro, todo es oscuro, no diré a tu oído: *ecce gubernator,* des-
    orientado bajo la lluvia porque a dónde ir, ahora, siem-
    pre, con una piedra sorda en este pecho de somnolencia,
con una fría baldosa en mi modo de circular,
con este nocturno libro subrayado y el desmembrado cuerpo
    de Palinuro puesto, como una lámpara, en la deriva de la
    conversación.

# Sweet Angel

I appear in the saliva of the angel, facing my illusory sheets of
      paper—flapping loose in the whiteness of dawn
and about to immerse themselves in the inky second hand,
      written or wroten, adorned with drunken deletions,
like a groomed lawn on the mountain of my body, like the
      lukewarm drug of the Unicorn who opens its eyes among
      the residues, among the interstices, among *what is*
      *happening*.

I appear on the angel's waist, black sheets of paper in my
      mouth and in the disastrous angles of my hair a coin of
      blood,
horror of explanations and "certain moments," flames of felt I
      saw one burning afternoon
in Monte Albán packed full of dark people with dark words
      on their lips, spoken under a demolished sky.

...Everything is dark, I happen by what is happening wearing a
      damp hat and with dormant letters on the bewildered
      roof of my mouth,
I dream of what is happening and imprints of death sow noc-
      turnal creases on my unsuspecting hands,
I assume the stance of the statues of the Cyclades and see my
      feet floating in the night, my feet like dual instruments of
      sober expectations and dark ramblings,
dark, everything is dark, I won't whisper in your ear: *ecce*
      *gubernator*, bewildered under the falling rain for where
      should I go, now, forever, with a deaf stone lodged in the
      somnolence of my chest,
with a cold paving stone in the way I circulate,
with this underlined nocturnal book and the dismembered
      body of Palinurus hoisted like a lantern in the drift of
      conversation.

Dirás una o dos veces que divago, sin explicar las cosas, como
    si aparecer en la cabellera del ángel no fuera suficiente,
como si en la sopa común pudiera no aparecer el Unicornio,
    alucinado y perfecto, numeroso y nombrado,
de la misma exacta y ebria manera en que aparezco yo, moi
    même y malgré tout!, en la zona del ángel, en el alcohol
    del ángel, en la comisura llameante del ángel,
risas todos los días y decir otra vez "todo es oscuro", etcétera,
    carajo,
escribir, escribir, escribir, con estas cosas tremendas ante los
    ojos, y abrir la boca desesperadamente mientras todo,
y "todo es oscuro", alrededor se derrumba con un ruido de
    tatuajes y desgajamientos, y mirar es convertirse en luz,
¡pero la luz escurre con jirones, con manchas, "Todo es
    oscuro" y las risas, por los pasillos, cruzan la muerte
como la misma luz, el Monstruo de la Luz, que entra en una
    cuchillada y la selva de la retina oscila:...
—somos los mismos de siempre, en fila y peinados, animales
    con su cucharada de lenguaje azul, con su frágil ración,
con su ciudad cerrada en el fondo desordenado de los ojos!

Aparezco en el sótano del ángel como una gota clasificada,
    oigo mi tos en el aire, women come and go talking of
    Michelangelo, cumpliré quizás cuarenta o cuarenta y tres
    años,
leeré libros y quemaré hojas secas, idos el entusiasmo y la
    fuerza, sumergido en pliegues de relatividad,
ahora veo, allá arriba,
la venenosa risa del ángel cubriéndolo todo con la palabra
    *oscuro*, con la palabra *mí*, con mi pasaporte y con la
    sombra de mi cabello,
con la basura de unos párrafos dedicados al olvido, con la fór-
    mula etcétera, con mis ojos  arrancados a la mitad del
    sueño,

You will say once or twice that I digress, fail to explain things,
    as if appearing in the hair of the angel were not enough,
as if the Unicorn could not appear in the communal soup, daz-
    zling and perfect, numerous and named,
in just the same drunken way I appear, *moi même* and *malgré
    tout!* in the zone of the angel, in the alcohol of the angel,
    in the blazing corner of the mouth of the angel,
laughter every day and saying once again "everything is dark,"
    et cetera, goddammit,
writing, writing, writing, these formidable things before my
    eyes, and desperately opening my mouth throughout it
    all,
and "everything is dark," all around us it collapses with a
    clamor of tattoos and tearing, and to look is to be turned
    into light,
but the light trickles in tatters, covered in stains, "Everything is
    dark" and the laughter in the hallways crosses death
like light itself, the Monster of Light, entering the gash of a
    knife and the retina's woods sway back and forth:...
—we never change, lined up, hair combed, animals with their
    spoonful of blue language, their fragile ration,
their city shut down in the unruly depths of their eyes!

I appear in the basement of the angel like a collated drop, hear
    my cough in the air, *women come and go talking of
    Michelangelo,* I turn forty or perhaps forty-three,
I will read books and burn brittle leaves, gone are my enthusi-
    asm and my vigor, sunken in the pleats of relativity,
now I see, looking up,
the venomous laughter of the angel concealing everything with
    the word *dark,* with the word *my,* with my passport and
    the shadow of my hair,
with the rubbish of a few paragraphs dedicated to oblivion,
    with the formula et cetera, with my eyes plucked out in
    the middle of the dream,

con esta lluvia donde alguien, quizás, oscuramente, oye ruidos
maravillosos, transformándose.

with this rain in which someone, perhaps, darkly, hears marvelous noises, in a process of transformation.

*II. Selections from* Incurable

## *de* Capítulo I, Simulacro

El mundo es una mancha en el espejo.
Todo cabe en la bolsa del día, incluso cuando gotas de azogue
se vuelcan en la boca, hacen enmudecer, aplastan
con finas patas de insecto las palabras del alma humana.

El mundo es una mancha sobre el mar del espejo,
una espiga de cristal arrugado y silencioso,
una aguja basáltica atorada en los ojos de la niña desnuda.

En medio de la calle, con el ruido de la ciudad como otra
        ciudad conectada en la pantalla de la respiración,
veo en mis manos los restos del espejo: tiro todo a la bolsa y
        sigo mi camino,
todo cabe en la bolsa del día, incluso la palabra *incluso*,
un manchón negro en la línea que se va deshojando en la boca.

*

Materia del yo, un descenso órfico en el deseo,
un tocamiento de lo que se derrama, sin centro ni asidero,
un pozo limitado por el norte de las palabras y el sur infernal
        o egipcio
de lo reprimido, postergado, diferido, abandonado en los jar-
        dines horrendos del pasado.
Un collar de quietud rodea los espaciosos milímetros del yo,
un silencio blasfemo, un ídolo entre las manchas.
Ah, las cosas y la materia del yo, como un humo paralítico:
charcos, tarjetas perforadas, jazmines, gavetas, ceniceros, gan-
        sos, páginas, ferrocarriles
—las teclas, pulsadas con un dedo y otro, el yo encerrado en
        las caras augustas de la civaldad, transido y tambaleante.
        Luego la errancia, el desprendimiento

44

*from* Chapter I, Simulacrum

The world is a stain on the mirror.
Everything fits in the bag of the day, even when drops of
    quicksilver
capsize in the mouth, make one fall silent, crush
the words of the human soul with fine insect feet.

The world is a stain on the sea of the mirror,
a spike of wrinkled and silent crystal,
a basalt needle snared in the eyes of the naked girl.

In the middle of the street, with the sound of the city like some
    other city attached to the respiration monitor,
I see the shards of the mirror in my hands: I toss everything
    into the bag and continue on my way,
everything fits in the bag of the day, even the word *even,*
a black blotch on the line shedding its leaves in one's mouth.

*

The stuff of the self, an Orphic descent into desire,
a touch of what spills over, neither center nor handle,
a well bounded by the north of words and the hellish or
    Egyptian south
of the repressed, deferred, postponed, abandoned in the
    horrific gardens of the past.
A necklace of calm surrounds the spacious millimeters of the
    self,
a blasphemous silence, an idol among the stains.
Ah, things and the stuff of the self, like a paralytic smoke:
puddles, punched cards, jasmine plants, desk drawers, ash-
    trays, geese, pages, railroads
—the keys, pressed by one finger then another, the self caught
    in the august faces of civility,

un *hacia*, las varillas del abanico que se abre en los alveolos
para que respires un mar en cada sorbo, una playa en la
lengua que tocaba las bordadas comisuras de la muerte o
el trabajo,
un rincón para estirar las piernas como un coloso, fumando el
azul despliegue de la vida, en la luz que roza las instan-
táneas babilonias de la vacación.

\*

Adivinar en los almacenes de las palabras dónde se esconde el
rayo, el escondrijo del mundo en la bolsa del día,
la página mercurial que no ha sido escrita y cuya blancura está
recubierta con la tinta de los deseos desalojada por los
nombres
vagabundeo en busca de esa adivinación en la escuálida y
pegajosa luz de este almacén,
abandonado por las noches y espolvoreado por el hisopo
lejano de un chispazo de fiebre: Este almacén de palabras
donde te sientes el oscurantista, el tuareg, el animal, el mon-
struo en la laguna de las denominaciones,
el gato negro sobre las piernas de la reina de las palabras,
el intruso sin credenciales, el prófugo, el anegado, el ladrón de
instrumentos ortopédicos,
el que traga nueces con cáscaras, el que bebe el menstruo en
una copa pompeyana,
el que se asusta con sus propios reflejos, el que pena en la
madrugada de las vacaciones afantasmadas, el que se
pone verde
cuando piensa en su madre con las piernas abiertas y no pre-
cisamente dándolo a luz,
el que tiene una lengua telescópica, el que se duele por ausen-
cias inventadas y por melancolías falsas,

racked and reeling. Then the wandering, the loosening:

a *toward,* the ribs of the fan opening in the alveoli

so that you might breathe in an ocean with every gulp, a beach
  on the tongue that touched the embroidered corners of
  death or work,

a garret in which to stretch one's legs like a colossus, smoking
  the blue pageant of life, in the light that grazes the
  Babylonian moments of the holiday.

*

Guessing in the storehouses of words where the lightning bolt
  hides, the garret of the world in the bag of the day,

the mercurial page that has yet to be written and whose white-
  ness is covered by the ink of desires dislodged by nouns,

roaming in search of divination in the filthy viscous light of
  this storehouse,

abandoned by the nights and sprinkled with a touch of fever
  by the distant aspergillum: this storehouse of words

where you experience yourself to be the obscurantist, the
  Tuareg, the animal, the monster in the lake of
  designations,

the black cat on the lap of the queen of words,

the intruder without credentials, the fugitive, the drowned
  man, the robber of orthopedic implements,

he who swallows nuts, shells and all, he who drinks the men-
  strual blood from a Pompeian goblet,

he who is startled by his own reflections, he who suffers the
  pangs of love at the dawning of dissolved holidays, he
  who turns green

as he thinks of his mother with her legs spread wide, and not
  exactly giving birth to him,

he with the telescopic tongue, he who aches from fabricated
  absences and fake melancholy,

el que baila una danza de gusanos, el que construye murallas
    chinas en sus labios agujerados,
el que brilla como una brújula rodeada de nortes,
el que se lanza en la corriente para rescatar una dentadura
    postiza como si fuera una civilización a la deriva,
el que sabe callarse en medio del estruendo, el que se pone las
    . manos en la entrepierna y aúlla como una hidra delirante,
el que se siente un islote y oye el rumor del mar en la profun-
    didad de los rostros.

El almacén de las palabras es un lugar extraño, húmedo, una
    galería sigilosa, un hospital dormido.
Cardumen candoroso, con su latinidad a cuestas,
difícil, fosforescente como una omega "en el pizarrón de las
    etimologías".
Ojiva o multitud, ramo de piedras, rocas, en el oro del nombre,
siemprevivas palabras, "oscura siembra" en la cúspide sorda y
    monumental del mármol sonoro.

El almacén es un espacio trémulo, una tecla genésica
que el mundo amplifica hasta la magnitud mortuoria del
    réquiem o la suplica.
El almacén de las palabras: el almacén de las palabras.

he who dances a worm dance, he who builds great walls of
     china on his perforated lips,
he who shines like a compass with norths on all sides,
he who dives into the stream to rescue a set of dentures as if it
     were a civilization adrift,
he who knows to keep quiet in the midst of the uproar, he
     who puts his hands on his crotch and howls like a
     delirious hydra,
he who sees himself as a small island and hears the rumble of
     the sea in the depths of faces.

The storehouse of words is a strange, damp place, a discrete
     gallery, a hospital asleep.
Candid crowd carrying its latinity on its back,
difficult, phosphorescent like an omega "on the blackboard of
     etymologies."
Ogive or throng, bouquet of stones, rocks, in the gold of the
     name,
everlasting words, "dark harvest" on the deaf and monumen-
     tal summit of the sonorous marble.

The storehouse is a quivering space, a genetic piano key
that the world enlarges to the mortuary size of the requiem or
     plea.
The storehouse of words: the storehouse of words.

## *de* Capítulo III, Puerta de vidrio

Me acerqué a la puerta de vidrio como si yo mismo fuera una
   ficción,
toqué su pausado pulimento, puse la frente sobre los brillos de
   su agua suspensa.
Mi cuaderno estaba junto a mí, cerrado de delirio. Y tuve
   miedo de perder el equilibrio
bajo los efectos de la droga que la puerta de vidrio hacía
   entrar en mi desconcertada cabeza, en mi
cabello colocado bajo la influencia primaveral que desdeñaba.
Me acerqué a la puerta de vidrio para verme, como si fuera
   posible percibir en esa inocencia transparente
los arraigados materiales que me construyeron para el tiempo.
Nada reconocía más que la conducida limpieza de tiempo, sus
   aprendidos engaños. Me aparté con un miedo nuevo y
   sabiendo
que si alguien soy no he de reconocerme sino para la fuerza.

Por tu cuello salían chispas como el aserrín de un muñeco
   degollado.
Encadenado a la pared, eras miles, miles de hombres. Y el
   policía que te pegaba
era él mismo y otro, tú acaso. Levantaste los brazos para
   defender la playa de tu torso y volviste la cabeza
para ver si tus camaradas habían huido, abriste la boca para
   decir algo y viste
la boca abierta del policía ya adentro un calendario, un lápiz y
   una orden de aprehensión.
Por un instante supiste que te iban a matar pero luego
   resolviste esperar otra fracción de segundo bajo los
   golpes
y sacar la feroz alegría que hasta ahí te llevó, cerraste la mano
   para sentir la terrenal fuerza marmórea de tu puño

## *from* Chapter III, Glass Door

I approached the glass door as if I myself were a fiction.
I touched its steady glaze, leaned my forehead against the
      sparkle of its suspended water.
My notebook was by my side, closed in delirium. And I was
      afraid that I might lose my balance
from the effects of the drug the glass door inserted in my
      baffled head,
in my hair lying under the influence of spring that I despised.
I approached the glass door to see myself, as if I might be able
      to perceive in that transparent innocence
the deep-rooted materials that formed me for time.
I recognized nothing but the prescribed cleanliness of time, its
      studied deceptions. I withdrew, feeling fresh fear and
      knowing
that if I am anyone at all, I should dedicate myself to strength
      and strength alone.


Sparks sprang from your neck like sawdust from a decapitated
      doll.
Chained to the wall you were thousands, thousands of men.
      And the policeman who beat you
was himself and another—you, perhaps. You raised your arms
      to protect the beach of your torso and turned your head
to see if your comrades had fled, opened your mouth to say
      something and saw
the policeman's open mouth and, inside: a calendar, a pencil,
      and an arrest warrant.
For an instant you knew they were going to kill you, but then
      you decided to wait another fraction of a second as you
      were beaten
and to call on the fierce joy that had brought you this far. You
      closed your hand to feel the earthly, marble strength of
      your fist

y devolviste el golpe último, lo encajaste en la mandíbula
    silenciosa del agente y
saltaste por encima de ti para intentar esconderte en cualquier
    lado.
Ese cualquier lado vino a tus ojos, narcotizados por el dolor
    infernal del cuello sangrante, en la forma
de una puerta, de una puerta, de una puerta de vidrio a donde
    llevaste sin preguntar ya nada más
tu instinto de muchedumbre y la feroz alegría que te llevó
    hasta ahí, bajo los golpes, que te llevó
hasta tu mano escarnecida que en ese momento empujó la
    puerta ye te dejó a salvo en un edificio desconocido,
mientras afuera la ciudad se revolvía como un animal marti-
    rizado.
Por primera vez en el vértigo de la tarde, respiraste tu vida rec-
    onciliada y supiste que estabas
contigo mismo, como suele decirse. Viste la serena translucidez
    de la puerta de vidrio y lo que tus ojos vieron
fue una fantasía más para la tarde vertiginosa: tus compañeros
    te recogían por los sobacos,
te empujaban entre la confusión y trataban inútilmente de
    detener la sangre aún fresca
que te escurría por el cuello, sorda y más verdadera que tu
    vida.

Estaba un hombre, de pie, frente a una puerta de vidrio.
    Estaba solo.
Y su cabeza era como la neblina que afuera, en el jardín, acari-
    ciaba los bustos romanos
y bordeaba las fuentes y los senderos—el aire era una gasa
    lenta, blanquecina, penetrante.
La puerta de vidrio reposaba como una lápida frente a los ojos
    soñadores del hombre,
pero al mismo tiempo tenía lenguajes que rozaban la cabeza
    neblinosa.

and returned the last blow, lodged your fist in the officer's
        silent jaw and
jumped over yourself in order to hide wherever you could.
That wherever-you-could appeared before your eyes, drugged
        by the hellish pain of your bleeding neck, in the form
of a door, a door, a glass door to which you brought without
        further questions
your crowd instinct and the fierce joy that had brought you
        this far, beneath the rain of blows, that even guided
your punished hand that at that moment pushed the door and
        deposited you into the safety of an unknown building
while outside the city writhed like a tortured animal.
For the first time in the vertigo of that afternoon you inhaled
        your reconciled life and knew that you were
accompanying yourself, as they say. You looked at the placid
        translucence of the glass door, and what your eyes beheld
was just another fantasy for the vertigo of this afternoon: your
        comrades lifted you by the armpits,
pushed you through the tumult, trying in vain to stanch the
        still-fresh blood
running down your neck, deaf and truer than your life.

There was a man standing before a glass door. He was alone.
His head was like the mist that, out in the garden, caressed the
        Roman busts
and flanked the fountains and the paths—the air was a slow,
        whitish, penetrating gauze.
The glass door rested like a gravestone before the man's
        dreamy eyes,
but at the same time its languages grazed that misty head.

Los lenguajes de la puerta eran también soñadores, neblinosos,
    tenían la consistencia de un pañuelo empapado y
se abrían como fantasmas en la piscina que la cabeza del hom-
    bre ocultaba detrás de la frente.
El hombre tenía en los ojos las impresiones frescas del jardín,
    los senderos floridos, la melodía de las fuentes, la presen-
    cia frondosa de los árboles y el armonioso canto de los
    pájaros.
Pero a pesar de todo eso, lo único que parecía importarle era
    la puerta de vidrio, eran
los lenguajes neblinosos y soñadores de la puerta que tenía
    enfrente como un teatro helado, superconsciente e
    instintivo.
El vidrio de la puerta sabía que detrás de la frente del hombre
    había un *piscina*
y amaba esta palabra y lo que designaba, porque la puerta, a
    su modo "vidriado",
se reconocía en lo que estaba detrás de la frente del hombre y
    en la palabra que le tocaba en ese mundo.
Esa palabra era un lenguaje entre la niebla, era un sueño entre
    las fuentes y los senderos floridos,
y se enlazaba con naturalidad al armonioso canto de los
    pájaros.
Era un lenguaje de vida que tenía esguinces de muerte y de
    niebla que también estaba "vidriado".
La puerta escribía en el hombre una frase larga y neblinosa.
La puerta interrogaba al hombre sin interrogarlo, y éste
había sabido siempre que su principal interés en la vida
era responder a ese interrogatorio neblinoso, que quizá no era
    en verdad un interrogatorio.
La puerta de vidrio le preguntaba al hombre, una y otra vez,
    con un ritmo neblinoso de sueño,
cosas cuya respuesta él ignoraba pero que le dejaban en el pal-
    adar un regusto de vino y de quemadura.

The languages of the door were also dreamy and misty,
had the consistency of a drenched handkerchief
and opened like ghosts in the swimming pool that was hidden
    behind the man's forehead.
Fresh impressions were in the man's eyes: of the garden, the
    flowering paths, the melody of the fountains, the leafy
    presence of the trees, and the harmonious singing of the
    birds.
But despite all this the only thing he seemed to care about was
    the glass door, were
the misty, dreamy languages of the door that stood before him
    like a frozen theater, hyperconscious and instinctual.
The glass of the door knew that behind the man's forehead
    was a *swimming pool,*
and it loved these two words and what they designated
    because the door, after its "glassy" fashion,
recognized itself in that which lay behind the man's forehead
    and in the words that touched it there, in that world.
Those two words were a language in the mist, was a dream
    among the fountains and the flowering paths,
and it entwined effortlessly with the harmony of the birds.
It was a language of life with scowls of death and mist, and
    was "glassy" as well.
The door was writing a long and misty sentence on the man.
The door was questioning the man without questioning him,
    and the man
had always known that his main goal in life was to answer
    that misty questioning that perhaps was not actually a
    questioning.
The glass door asked the man over and over again in the misty
    rhythm of a dream
things he didn't know the answer to but that left an aftertaste
    of wine and burning on his tongue.

Eran preguntas de una civilización perdida, preguntas sobre los
    horarios de los trenes de la Gran Ciudad,
preguntas sobre lo Mismo y lo Diverso, preguntas sobre la
    filosofía y preguntas sobre el tabaquismo.
Esas preguntas entraban como plumajes de acero, sin encon-
    trar ninguna resistencia,
en medio de la cabeza del hombre y rozaban la piscina como
    un pájaro lleno de sed y de furia sexual
—y esa manera de entrar depositaba en el hombre un perfume
    de cabellos asesinados y
un grito extenso hecho sólo de ojos y páginas destrozadas.
El hombre no sabría responder a las preguntas de la puerta de
    vidrio y sin embargo antes
ha conocido el misterio delgado y sanguíneo de sus emociones
    frente a esas preguntas y frente a esa puerta, todo ello
depositado en el hombre de una manera "vidriada" y nebli-
    nosa. Como un sueño entre los senderos floridos y
el armonioso canto de los pájaros.
La puerta no es lo que se dice, ni se abre o cierra según las téc-
    nicas o la moral en uso, técnicas
impiadosas y automáticas, como de un sueño hueco, frías
    como un teatro frío.
Pues la puerta que interroga al hombre no es una posibilidad
    de entrar o de salir, de cerrar o abrir,
pues rodea al hombre y es *un sentimiento de mundo* puesto en
    la soledad inteligible de su corazón. La puerta no es
el infinitivo que pone a funcionar las máquinas equívocas de la
    costumbre ni es un poder "significativo".
Es un poderío de mundo. La puerta es un sentimiento nebli-
    noso que rodea al hombre soñando, una "pasíon" delica-
    da y fúnebre
que arde sobre los ojos del hombre y lo escribe contra la
    sedosa puerta de fuego que es el mundo, ahora y aquí.

They were questions from a lost civilization, questions about
    train schedules in the Great City,
questions about the Same and the Many, questions about phi-
    losophy and questions about chain smoking.
Those questions entered like steel feathers, without any resist-
    ance at all,
right into the man's head, skimming the swimming pool like a
    thirsty bird full of sexual fury
—and this way of entering deposited in the man a smell of
    murdered strands of hair and
a prolonged cry made only of eyes and ravaged pages.
The man would not know how to answer the questions posed
    by the glass door and nevertheless he once
had known the slim and blood-red mystery of his emotions
    when posed with those questions and that door, all of it
deposited in the man in a "glassy" and misty fashion. Like a
    dream among the flowering paths and
the harmonious singing of the birds.
The door is not what they say it is. It neither opens nor closes
    according to the methods or morals of the day,
impious and automatic methods, as in a hollow dream, cold as
    a cold theater.
For the door that questions the man offers no possibility of
    entering or exiting, of closing or opening,
for it surrounds the man and is *a feeling of the world* placed in
    the understandable solitude of his heart. The door is not
the infinitive that sets the mistaken machines of habit into
    motion, nor is it a "significant" power.
It is a might of the world. The door is a misty feeling that sur-
    rounds the man as he dreams, a delicate and funereal
    "passion"
that burns in the man's eyes and writes on the silken door of
    fire that is the world, right here and now.

## *de* Capítulo IV, Fragmento

Huía el lenguaje en cada una de tus palabras y lo que yo
    escuchaba, con una respirada incertidumbre y un sen-
    timiento de ancho mundo,
era el rumor del inconsciente, mezclándose como un deslizarse
    de fieras brillantes
por los pasadizos de mis oídos. Tu inconsciente tocó mis oídos,
escuché el lenguaje derramándose, turbio y feraz,
por los canales sordos del inconsciente que me mostrabas.
Yo era un pedazo de mí mismo escuchándote. Mi inconsciente
se volcó en la fractura que tu boca resonante abría en mí como
    un abismo que el silencio del invierno debería cerrar.
Pero el abismo abierto me llenó del vacío fulgurante de tu
    inconsciente.
Yo lo recuerdo ahora, con este dolor de cabeza. Mi cabeza res-
    pira, sí, como entonces, y
siente el espacio que entra desde el suntuoso exterior hasta los
    tejidos ansiosos de mis pulmones.
Pero el espacio ha cambiado y el aire de este invierno no es el
    mismo de aquel invierno en que te oí.

El invierno se ha callado y sólo el recuerdo de lo que dijiste me
    habla entre jirones de turbia niebla,
de sucia algarabia mezclándose a la limpieza hipócrita de mi
    cuerpo memorioso.

*from* Chapter IV, Fragment

Language fled in every one of your words, and
what I heard, with inhaled uncertainty and a feeling of wide
      world,
was the murmur of the unconscious, blending like brilliant
      beasts creeping through the passageways of my ears.
      Your unconscious touched my ears,
I heard language overflowing, turbid and fertile,
through the deaf canals of the unconscious you were revealing
      to me.
I was a piece of myself listening to you. My unconscious
capsized in the crevice that your resonant mouth opened in me
      like an abyss that winter's silence would have to close.
But the open abyss filled me with the shining emptiness of
      your unconscious.
I remember it now with this headache. My head breathes in
      and out—yes, as it did then—and
senses the spaciousness that enters from the lavish exterior to
      the eager tissue of my lungs.
But the space has changed and this winter air is not the same
      as that winter when I heard you.

Winter has grown silent and only the memory of what you
      said speaks to me among scraps of thick fog,
of dirty gibberish mingling with the hypocritical cleanliness of
      my memorious body.

## *de* Capítulo V, La mañana

Con una bocanada de momia salí relampagueando.
Estaban los prados, la buena prosa, los mariscos y
las evidencias de un lunes suavizado debajo de las variadas
      infecciones de la vida.
Suave, digo, a pesar de que sus elementos pesaban sobre la
      serenidad purpúrea de mis vendas sanguinolentas
—y a pesar inclusive de que mi tremendismo era una cierta
      cosa ligera, espeluznante, no demasiado sórdida
y cargada con todos los mensajes del intelecto, oh.
Pues el estar momificado me permitía pensar (y lo hacía como
      un relámpago, como una brizna ulterior de neutrinos,
a través de los intersticios), mis ideas
eran como unas obleas tocadas, corrompidas, por el clima
      desasosegado de la resurrección
más egipcia, más boriskarloffiana,
si entiendes lo que quiero decir ¿por qué carajos no te lo digo?
(No se trata de eso, por supuesto, tú lo entenderás: pondrás
      los codos en la balaustrada del *Año pasado en*
      *Marienbad*
y te creerás Delphine Seyrig entre las estatuas heladas de un
      desencuentro y de una postergación, para lo cual
deberás repasar el guión, hacerle muecas a Robbe-Grillet,
      execrar de Resnais... Buena prosa
para acompañar los vulgares mariscos del lunes desdoblado...)
Pero como una momia me iba infectando, fresco y ondulante,
      portentosamente ligero y aéreo: así
tachaba a mi paso la monumental arreciada de la identidad.
Iba percibiendo las germinaciones funestas en la cripta de mi
      tranquilidad,

## *from* Chapter V, Morning

With a puff of mummy I went out, flashing lightning.
There were pastures, fine prose, shellfish,
and the traces of a Monday softened under the assorted
        infections of life.
Soft, I say, despite the fact that its components weighed heavily
        on the purple serenity of my bloody bandages
        —and even despite the fact that my crudeness was sort
        of light and bloodcurdling, not overly squalid
or weighed down, oh, by all those messages from the intellect.
So, being mummified allowed me to think (and I thought like a
        lightning bolt, like an ensuing filament of neutrinos,
through the interstices), my ideas
were like wafers, handled and corrupted by the restless climate
        of the most Egyptian,
most Boriskarloffian resurrection,
if you get my meaning—why the hell don't I tell you?
(Of course, that's not the point. You'll understand: you will
        place your elbows on the balustrade of *Last Year at
        Marienbad*
and will imagine that you were Delphine Seyrig among the
        frozen statues of a missed encounter and a postpone-
        ment, for which
you will have to reread the script, make faces at Robbe-Grillet,
        curse out Resnais… Fine prose
to accompany the vulgar shellfish of the sprawling Monday…)
But you were infecting me like a mummy, fresh and undulat-
        ing, marvelously light and airy: that is how
I crossed out the monumental intensification of identity as I
        passed.
I was perceiving the ill-fated germinations in the crypt of my
        tranquillity,

y mis vendas eran ya un jirón en las congelaciones de mi
      fantasía.
Pero ¿a dónde salía; hacia dónde se dirigían los gérmenes
      cavados en la suavidad paranoica de mis vendas? ¿Qué
      facciones
de relámpago hube de tener en medio de la tibieza prometida?
Momia o relámpago, salía a bocanadas por las prohibiciones
      de un lugar cualquiera.
El lunes se convierte así en mí, civilizándome.

*

He aquí el texto que no comienza, va acabando, en el sueño lo
      entenderás, escritura
que araba la inexistencia, criptofasia que se va redactando a
      medida que termina, y perfecciona su no ser y su no
      comenzar, la
amenazada restauración de sus ruinas; nutre su arqueología de
      frases hechas con un delirio mínimo, inventa las palabras
por todos conocidas pero al mismo tiempo les da vuelta, las
      roza
contra el amor del mundo, les devuelve su hielo, su esperma,
      su ardimiento, su rabia dulce, su suavidad feroz;
texto que no comienza, está comenzando en la Mañana, está
      principiando como la transparencia de un gigante
o de un ogro escritor en las puras emanaciones del sueño;
      texto no comenzado,
con su voracidad de nómada, con su lienzo espumoso, con sus
      rizos extensos, antífrasis que
oirás en su no comenzar, puro contrasentido que te sale por los
      bolsillos mientras caminas (estás soñando)
por la rue de Rennes y te encuentras de buenas a primeras con
      el sosías, con el schlemil, con el tonal, con el doppel-
      gänger

and my bandages were now a tatter in the freezings of my
fantasy.
But how do I leave, in what direction did the dug seeds head
in the paranoid softness of my bandages? What features
of lightning bolt must I have displayed in the promised
tepidness?
Mummy or lightning bolt, I was leaving in puffs through the
prohibitions of any place.
Thus Monday becomes me, civilizing me.

*

Here is the text that doesn't begin, is coming to an end. You
will understand it in your dreams, writing
that plows nonexistence, cryptophasia that is drafted as it ends
and that perfects its nonbeing and nonbeginning, the
threatened rebuilding of its ruins; it nourishes its archaeology
of stock phrases with minimal delirium, invents words
known by everyone while simultaneously turning them
around, rubbing them
against the love of the world; it gives them back their ice, their
sperm, their burning, their sweet fury, their fierce
softness;
text that doesn't begin, it is beginning in the Morning, it is
starting like the transparency of a giant or an ogreish
writer in the pure emanations of the dream; unbegun
text,
with a nomad's voraciousness, with its frothy canvas, its abun-
dant curls, an antiphrasis that
you will hear in its nonbeginning, the pure contradiction that
spills from your pockets as you walk (you are dreaming)
down the rue de Rennes and all of a sudden you meet up with
the ersatz, with the schlemiel, with the succedaneum,
with the doppelgänger,

que te saca la lengua para que acabe el texto que no comienza.

He aquí, en el sueño, al sueño mismo soñándose, uróboro de
      oro arado, atenazado, hecho un haz de nombres y de
      cuerpos confusos,

convertido en un alma de ciervo en el bosque de tus entrañas.

He aquí la máquina de escribir, ogro diferente: las teclas que
      sueñan más que tú, las varillas

que te alucinan ahí sentado, fumador, con una taza del indócil
      café en la mano, bebiendo el agua hospitalaria de las
      cuatro de la mañana: la máquina

de escribir, el reflejo de tus dedos ansiosos golpea

como una felpa los reinos de cada letra; la máquina de escribir,
      el ogro-ángel

cuyas manos masivas despliegan bajo tus ojos algo que no
      imaginas y que después leerás estupefacto, actor anóni-
      mo,

mero nombre de autor, destinatario de tus revueltas cartas
      puestas sobre un papel barato que es oro puro en la estu-
      pidez de

tu desconcierto ("¿Yo escribí esto? Debo haber estado
      soñando");

he aquí las varillas que se levantan, repiquetean, imprimen
      breves sellos negros, letras irreconocibles.

who sticks his tongue out at you to make you finish the text
   that doesn't begin.
Here in the dream is the dream itself dreaming itself, uroboros
   of tilled gold, gripped, turned into a bundle of nouns and
   mingled bodies,
turned into a stag's soul in the forest of your entrails.
Here is the typewriter, a different ogre: the keys that dream
   more than you do, the rods
that beguile you sitting there, smoker with a cup of headstrong
   coffee in your hand, drinking the hospitable water of
   four in the morning: the type-
writer, the reflection of your anxious fingers taps
the kingdom of each letter like a reprimand. The typewriter,
   ogre-angel
whose massive hands display before your eyes something you
   never imagined and later will read with amazement,
   anonymous actor,
the mere name of an author, the recipient of your jumbled
   letters set down on a sheet of cheap paper that is pure
   gold in the stupidity of
your bewilderment ("I wrote this? I must have been
   dreaming").
Here are the roads that rise, that tap a clatter of beats, that
   print brief black stamps, illegible letters.

## *de* Capítulo VII, Incurable

La fiebre: alrededor de ella seré un círculo de tiza,
trazaré mi conjuro en el aire vacío y sentiré el vello fugaz de la
     fiebre por mis fosas nasales,
bajará con sus germinaciones hasta los meandros de mi sistema
     digestivo,
llegará hasta mis fibras remotas y los rincones atiborrados de
     mis entrañas
—para poner en todo lugar mío su fulgor y su sed,
su caliente y difusa potencia de caldo vivo y feroz.
La fiebre está desconstruyéndome, desde la raíz hacia arriba,
evoluciona como una especie en la sopa mesozoica,
es un utensilio del cosmos para que el dios soñado se manifi-
     este en la yacija terráquea.
La yesca de mi cuerpo es la probatoria fosforescencia febril.
La sangre mía en la llama recta de la fiebre, como si yo fuera
     un trapo junto a la llama de la Vela absoluta.
El ojo de la fiebre observa intensamente, hasta encenderlos,
     cada pedazo y cada aliento que se desprende de mí.
La palabra febril toca mi pecho con un tajo violeta.

Ay, cerca de mí tus labios. Labios empapados
por un licor de miedo diurno, por un agua que manchaba los
     féretros.
Labios esperados, tersas carnes enrojecidas sobre la limpieza
     del rostro —marcas
del tiempo humano, llenas y evidentes para mis ojos impuros.
Cerca de mí, sus labios palpitaron en el muerto aire de julio.
Y mis manos temblaban como si la enfermedad se agitara a la
     manera de una onda creada en el agua
por el solo y recto peso de mi dudosa mirada de agonizante.

## *from* Chapter VII, Incurable

Fever: I will be a chalk circle surrounding it,
I will trace my spell in the empty air and will feel the fleeting
    downy hair of fever in my nostrils.
It will descend with its germinations to the meandering of my
    digestive system,
will reach my distant fibers and the crammed corners of my
    bowels
—to place everywhere inside me its brilliance and its thirst,
the hot and diffuse potency of its ferocious, living broth.
Fever is deconstructing me upward from the root,
it evolves like a species in the Mesozoic soup,
is a utensil of the cosmos so that the dreamt god might mani-
    fest himself on the rude, earthly bed.
The tinder of my body is the feverish, phosphorescent evidence.
My blood in the upright flame of the fever, as if I were a rag
    beside the flame of the absolute Candle.
The eye of the fever watches intently until it lights on fire every
    chunk and every breath issuing from me.
The feverish word grazes my breast with a slash of violet.

Oh, your lips close to me. Lips drenched
in the liquor of midday fear, in the water that was staining the
    coffins.
Longed-for lips, glistening ruddy flesh on the bright and shin-
    ing face—signs
of human time, full and apparent to my unchaste eyes.
Next to me, her lips throbbed in the dead air of July.
And my hands trembled as if the sickness were shuddering like
    a ripple set in motion in the water,
by the sole, immediate weight of my dying man's doubtful
    gaze.

Imposible escribir así, me dije. Mi caminar me ciega, oculta de
    mí palabras, montones o listas de palabras.
Retrocedo con la pluma en la mano. Pesado, acezante.
Voy hacia atrás, como una desmenuzada víscera cayendo.
Olor a musgo, perfume del yo. Fotografías que voy arrugando
    lentamente
como si trajera retórica en las manos: la retórica sería un
    miedo y sería un pegamento
en mis manos, las haría blandas y húmedas, desagradables.
Todo sucede con un estudioso dramatismo que se arraiga en
    mi memoria
como una risa, como una alhaja, como una emanación.

Esto sucede: harto de la retórica al uso, intenté desprenderme
    de lo que me oprimía
y el lenguaje se me hizo un gran salón de espejos, trastabillé,
    jadeé y puse la mano en la llaga de otro lenguaje,
tremendamente dudé y luego volví la cabeza y la pluma en la
    mano
hasta que lo mejor fue ya retroceder, buscar, encontrar para no
    desfallecer, al par que la estrella que palidecía dentro de
    mi cabeza civilizada.
Retrocedí entonces, me tropecé locamente y luego ascendí por
    listas y por montones de palabras. ¿Qué
había de encontrar? No la sabía, lamí las paredes para buscar
    la sal y seguir adelante.
Pero lo que buscaba estaba ahí, seco y desapasionado.
Abrí la boca para decirlo y entonces apareció en mi frente el
    acuerdo de mi posible lenguaje con el mundo.
Decidí no desear otra cosa que ese acuerdo pero al entrar en
    ese acuerdo
supe que más tarde renunciaría a él. Retrocedía de nuevo y ese
    retroceder era ya un avance.

It is impossible to write like this, I thought. My stride blinds
     me, conceals words from me—piles or lists of words.
I retreat, pen in hand. Heavy, puffing.
I walk backward like minced entrails tumbling down.
A scent of moss, perfume of my self. Photos I am slowly
     wrinkling
as if I were carrying rhetoric in my hands: rhetoric would be
     fear and a paste
in my hands, would leave them soft and clammy, unpleasant.
It all happens with a studied theatricality that plants itself in
     my memory
like laughter, like a jewel, like an emanation.

This is what happens: sick of the customary rhetoric, I tried to
     detach myself from what oppressed me
and found language transformed into an enormous room of
     funhouse mirrors; I reeled, gasped for breath, and placed
     my hand in the gaping wound of another language,
doubted tremendously and then turned my head, pen in hand,
until the best option was to retreat, to seek, to find in order
     not to falter, just like the star that grew pale in my civi-
     lized head.
So I retreated, stumbled crazily, and then ascended lists and
     piles of words. What
would I find? I didn't know. I licked the walls in search of salt
     and the way forward.
But what I was seeking was right there, dry and dispassionate.
I opened my mouth to say it and that is when the agreement
     between my possible language and the world appeared
     on my forehead.
I decided not to desire anything except this agreement, but as I
     entered into it
I knew I would renounce it later on. I retreated once again,
     and this retreat was now an attack.

Ningún acuerdo, entonces. Mi sola voz lunar bajo las acumu-
  laciones diurnas.
Puse mi lengua cegada sobre las paredes inauditas y esperé,
  esperé, esperé a que se abriera la piedra.
Lo que empecé a decir abrió la piedra y terminó fulminándome
—de modo que abrí los ojos de nuevo para encontrarme en las
  calles y entre la insólita gente.

So, no agreement. My lone, lunar voice under the accumula-
   tion of days.
I placed my blinded tongue against the unheard-of walls and
   waited, waited, waited for the stone to open.
What I began to say opened the stone and ended by striking
   me with lightning,
so that once again I opened my eyes to find myself standing in
   the street among the astounding people.

## *de* Capítulo VIII, Alguien puede llegar

(Este hablar o escribir entre paréntesis, emparedado como en el
      cuento de Poe; este estar
a ráfagas, fundando reinos, tirado en la cama, deseando pisto-
      las, cebollas, versos de Lezama, pechos suaves,
"tocables vergas de centauro", los ojos de Giulio Romano
en las esquinas, los disparos y su resplandor indigente en la
      desarrollada cueva de la ciudad; este
ponerse a veces melancólico, pestañas como el Vesubio,
      filosofemas y cruentas adiciones de afrentas, mentiras
que paladean nuestra credulidad, invenciones que se nutren
      con la mullida nube de nuestro pecho lírico,
ocultos corazones entre las piedras, breves miedos que encien-
      den los cartílagos del soltero, hazañas
de las cuatro de la mañana, ishallnotceasefromexploration y
      todas esas historias de abandono sediento, de abandono
sangriento; este situarse en la tachadura, en la migaja, en los
      golpeados fulgores que sabemos; este desear
que alguien llegue, y para qué —me lo pregunto—, qué utilidad
      o gracia debe traer o puede convenir en mi pecho, qué
instrumento lo lleva, qué tinta lo arroja hacia mi mar desde su
      playa saboreada, cuántos años
he de aprender en su lengua, cuáles costumbres y qué agridulce
      postura asumirá, quién será, cómo verá
la mancha de mis ojos, la hogaza de mis manos, los clavos de
      mi dentadura desapacible, los cabellos
que una distante boca besó, la fluida sacralidad que alienta en
      mis hígados,

## *from* Chapter VIII, Someone May Arrive

(This speaking or writing in parentheses, walled in like a tale
      by Poe; this standing
in the squall, founding kingdoms, lying in bed, hungry for
      pistols, onions, lines by Lezama Lima, pillowy breasts,
"the touchable cocks of centaurs," the eyes of Giulio Romano
on street corners, gunshots and their destitute blaze in the
      built-up cave of the city; this
making oneself melancholy on occasion, eyelashes like
      Vesuvius, philosophemes and gory additions of insults,
      lies
that relish our credulity, inventions nourished by the fluffy
      cloud of our lyrical breast,
hearts concealed among the rocks, fleeting fears that kindle the
      cartilage of the single man, great deeds
at four in the morning, *ishallnotceasefromexploration* and all
      those stories of thirsty abandonments, of bloody
abandonments; this placing oneself in the deletion, in the
      crumb, in the pummeled radiance we all know; this
      longing
for someone to arrive, and for what, I ask myself, what useful-
      ness or grace would that bring or be capable of convok-
      ing in my breast, what
instrument carries him, what ink tosses him into my ocean
      from his savored beach, how many years
must I learn in his language, what customs and bittersweet
      posture will he assume, who will I be, who will he be,
      how will he see
the stain of my eyes, the coarse loaf of my hands, the iron nails
      of my surly teeth, the hairs
a distant mouth was kissing, the encouraging flow of consecra-
      tion in my guts,

el entero armazón de mi sistema nervioso, áxones, conexiones,
     todo estaría, en la *equis* que vendría —si llega—
a escarbar en mis labios, a arrancar de mis uñas, a derogar de
     mi silencio habitual. Este saber cómo se sale
del emparedamiento, cómo se cierra tristemente el paréntesis:)

                              *

Jade y jazmín, caricias en el silencio de la ropa, la cama, el
licor que se mete, las manos que otean, los ojos que
van creyendo en la solidez de la purísima soledad. Los astros
arriba y este cuerpo que conozco porque es mío, las gotas
que salen de mí, las derramadas virtudes que a nadie comento,
las evoluciones de mi cuerpo en una cama abandonada, mis
     dedos
en la urgente oscuridad, las tenaces y vehementes figuras de
     cielo
que mis palmas dibujan en mi torso, en mi cintura, debajo
de mis genitales ansiosos, para quién, saliendo de mi cuerpo.
Sale de mi cuerpo una escritura, todo está un poco manchado
de semen, los cuadernos, las hojas, las camisas, esta boca
enloquecida, los astros allá arriba, qué silencio mientras
mis manos hurgan, sacan, salen, mi cuerpo en estas páginas,
cuánta violencia que va callándose, rocas que se deshacen,
     flores
que dan su perverso perfume, jardines donde el jade, el jazmín,
mi propio cuerpo ceden, qué locura; siento ahora el aire, sus
pausadas costumbres, la caricia que sabe dar como una
     persona.

the whole framework of my nervous system, axons, connec-
tions—all of it would be in the $x$ that would come—if it
arrives—
to pick at my lips, to pluck from my fingernails, to repeal my
habitual silence. This knowing how to get out
of the walled-in place, how the parentheses sadly come to a
close:)

\*

Jade and jasmine, caresses in the silence of clothing, the bed,
the meddling liquor, the examining hands, the eyes that
trust the solidity of the immaculate solitude. The heavenly
bodies
above and this body I know because it is my own, the drops
that trickle from me, the spilled virtues I mention to no one,
the evolutions of my body in an abandoned bed, my fingers
in the urgent darkness, the tenacious and vehement figures of
sky
that my palms sketch on my torso, on my waist, beneath
my nervous genitals—whom are they for?—trickling from my
body.
A writing trickles from my body, everything is somewhat
stained
with semen, the notebooks, the pages, the shirts, this
maddened
mouth, the heavenly bodies above, this silence while
my hands rummage in my pocket, pull out, leave my body on
these pages,
such violence slowly growing quiet, rocks crumbling, flowers
emitting their perverse perfume, gardens where jade, jasmine,
my own body yield, such madness. Now I can feel the breeze,
its
deliberate habits, the caress it lavishes like a person.

Apágase todo, la oscuridad creciente me domina, mis dedos
retroceden a su costumbre más guardada, rumbo a su olvido
    seco.
Voy sintiendo que alguien sale de mí, pero es una fantasía
de mis dedos, mi cuerpo no retrocede, no hay sorpresa, bocas
    que
son mi boca sudan, sus labios creyéndose ya muertos. Un
    jadeo,
gimo, grito, algo sale de mí, alguien puede llegar, qué locura.

*

"Alguien puede llegar", se oye: escúchase la salmodia, la
repetición, el canto. ¿Y si nadie llegara? ¿Qué entonces?
Todo lo que escribo es una cercenada sopa de estar solo, no
me atrevo a confesarlo, estoy solo, qué burla, qué cimiento.
Pídese el canto para que suenen las manchas negras
en la máquina de escribir; todos los que son yo se regocijan.
Pero, pero se asfixia el silencio de mí a mí, se muere, yo
estoy muriéndome, no es un juego mecanográfico ni
    caligráfico, es
la sal de la ausencia, el diezmo de todo lo que escribo, alguien
puede llegar, ya se sabe, se sabe, sin embargo, la posibilidad y
no se mueve nadie de los que son yo, esperando, ansiosos
    ¿de qué?
Ansiosos de estar solos de una vez por todas o de estar
    acompañados,
visitados, abiertos, locos de soledad o de calor de un cuerpo.

Sería un bálsamo acercarse, tocar la porcelana, levantar el
    cuchillo

Everything is extinguished, the mounting darkness overpowers
        me, my fingers
retreat to their most intimate habit, heading for their dry
        oblivion.
I feel that someone is emerging from me, but it is a fantasy
of my fingers; my body is not retreating, there is no surprise,
        mouths that
are my mouth sweat, its lips imagining itself dead already. A
        gasp,
whimper, shout, something emerges from me, someone may
        arrive, such madness.

*

"Someone may arrive" is heard: the psalmody sounds, the
repetition, the song. And what if no one arrives? What then?
Everything I write is the boiled-down broth of being alone, I
        don't
dare confess it, I am alone, what a joke, what a foundation.
The song is chosen so that the black stains may ring
in the typewriter; everyone who is I rejoices.
But, but the silence of me to me is smothered, dies. I
am dying, it is not a game of the typewriter or of calligraphy,
        it is
the salt of absence, the tithe of everything I write, someone
may arrive, we already know that we know, nevertheless, the
        possibility, and
not any of those who are I move, waiting, anxious—about
        what?
Anxious about finding themselves alone once and for all or
        about being with others,
visited, open, crazed from loneliness or the heat of a body.

Closeness would be a solace, to touch the china, to raise the
        knife

y suspirar, sí, suspirar, bajo la ráfaga dehiscente de los astros,
los envueltos enigmas, la silla izquierda, la ropa tirada, el
humo al desgaire, todo revuelto —y sin enigma, lo que ocurre
en esta soledad que es la mía es tan sencillo, las almas de todos
están ausentes, el techo no cobija más que estos ardientes
        pedazos
de lo que en mí sobrevive por la mera magia del sitio y del
        momento.

Sería un remedio acercarse, lamer el alma de los ausentes
y exclamar con un polvo tan sucio y tan viejo en los labios
que nadie llega, aunque podría llegar, es una posibilidad o
un sustento para todas estas inseguras modificaciones que van
alimentándome, secas, terribles, arduas, oscuras como mi
        alma.
Y mi alma oscura se conmueve, tras ella los recuerdos, los
        cuerpos
que ha conocido y no llevaban la señal, el diezmo, la amargura
que ahora la colman:
                        fiera brizna o curva destrucción de todo,
bajo los climas del momento, del sitio, del bálsamo que acerco
a mis labios, no sabiendo, inclinado para mejor sentir
los segundos que pasan sobre la niebla inmemorial de mi
        carne.

Ah!, mi carne sedienta, los ropajes que la están sintiendo.
Santamente me recuesto, pasa mi mano por mi carne: lúgubre
        lujuria,
espejos cortan con un filo de esperma el ansiado sendero,
crudas estrellas allá arriba, la lluvia sin recuerdos, el
despojo de las horas que pasan conmigo aquí, poco
        interesante,

and sigh, yes, sigh beneath the unfurling squall of the stars,
the bundled enigmas, the left chair, the clothes on the floor,
the slovenly smoke, all stirred up—and without mystery, what
    takes place
in this solitude that is my own is so simple, everyone's soul
is absent, the roof shelters nothing but these burning chunks
of what survives in me by the sheer magic of the place and the
    moment.

Closeness would be a tonic, to lick the souls of those who are
    absent
and exclaim with such dirty and ancient dust on my lips
that no one is arriving, although he might arrive, it is a possi-
    bility or
an underpinning for all these unsteady alterations that
    continue to
feed me: dry, awful, arduous, dark as my soul.
And my dark soul is stirred, behind my soul the memories, the
    bodies
it has known and that didn't pick up the signal, the tithing, the
    bitterness
that now fills it to overflowing:
                        wild wisp or bent destruction of it all,
in the climates of the moment, of the location, of the solace I
bring to my lips, unknowing, leaning back so as to better feel
the seconds passing over the immemorial fog of my flesh.

Ah! My thirsty flesh, the garb that is perceiving it.
I lie back like a saint, run my hand over my flesh: lugubrious
    lewdness,
mirrors sever the long-awaited path with a blade of sperm,
crude stars above, the memoryless rain, the
plundering of the hours that pass with me here, pretty
    uninteresting,

mudo hambriento, a ritmos cruentos, con dedos míos sobre
mi sola piel de un mayor desconsuelo que la mañana
      iluminándome.

Claramente, con sediciosa lumbre, mi ojo derecho clava
sus imágenes en esta equilibrada alucinación, pero
nadie llega, es una ilusión, ilusión tras ilusión, dioses
arriba y el techo abajo, es el mero alcohol, el alcohol directo
con sus punzadas, el oleaje seco de su marasmo, los sueños
que me trae —y los recuerdos, desfigurados, con manchas
de cuevas acogedoras, prolijas o siquiera habitadas. Entrar
en la silenciosa cueva, la cueva más inesperada, y encontrar
a alguien, de modo incontrastable, para que en la serie más
      negra
de las modifacaciones que acontecen, fuera uno quien llegara.

Está esta pared, si la toco un mundo desaparece,
bajo hasta aquí, en la cava y los vinos enteros
quisieran emparedarme en la borrachera, no se sabe
cuál es la salida, monologo en medio del estruendo,
pero alguien podría llegar, semilla sobre el cielo,
las ramas de verano, la nieve que cubre mi cintura;
todo lo que me cubre es la señal de alguien, pero
es cruda mi sangre, están deshaciendose los espejos
y nadie llega, en medio del estruendo, a soplar
en mi oreja cercenada, con un ruido de repeticiones
—o de recuerdos, qué ahogo, nadie llega, estoy solo...

hungry mute, in gory cadences, with my own fingers on
my only skin more disconsolate than the morning that illumi-
        nates me.

With seditious fire my right eye stares clearly
at its images in this composed hallucination, but
no one arrives, it is an illusion, one illusion after another, gods
above and the roof below, it is simply the alcohol, the immedi-
        ate alcohol
with its spasms, the dry swell of its paralysis, the dreams
it brings me—and the deformed memories, with stains
of welcoming caves, long-winded or barely inhabited. To enter
the silent cave, the most unexpected cave, and find
someone, in incomparable fashion, so that in the blackest
        series
of alterations taking place, it were oneself who arrived.

There is this wall, if I touch it a world disappears,
I descend this far in the wine cellar and the new wines
would wall me in to drunkenness, no one knows
which is the exit, I perform a monologue amid the noise,
but someone might arrive, a seed against the sky,
the branches of summer, the snow blanketing my waist;
everything that blankets me is a sign of someone, but
my blood is raw, the mirrors are coming apart
and no one arrives, amid the noise, to blow
into my amputated ear, with a sound of repetition
—or of memories, such gasping for breath, no one arrives, I
        am alone...

## *de* Capítulo IX, Rayas

Dos veces quise caer, luego quise caer diecinueve: fueron las
      ocasiones veraniegas de la adolescencia.
Leía libros, yo: sin sueño, bajo las sábanas. Me ensordecía con
      el fulgo de las páginas y luego
me levantaba para ir a la escuela, para poner encima de las
      Rayas el inmaculado sabor de unas lecturas, agónicas.
Volví de nuevo a las andadas: a las andanadas. Qué ciego fui,
      que pulcro: fui respetable, me bañé —de veras. Salones,
muescas, lámparas, basureros, alhajas y abalorios, recámaras y
      pasillos elegantísimos
estuvieron dispuestos para mí, para mi hambre de realidad:
      qué ardor más trivial, pues yo estaba lleno de cosas y
lo que yo creía que era la Realidad no era más que Rayas,
      puras rayas de infestada ciudad muerta, de contagiosa
moribundez.  Luego no quise eso, quise la sangre —quise mi
      vampirismo mexicano, el salado deleite de las
      vinculaciones
con la calle, los ennegrecidos conocimientos de los Otros.
      Nada salía de la nada:  todo tenía su motivo, fui sabien-
      do que
sin saberlo mi humanidad era de otros y mi humanidad era
      mía y
que no se trataba de discutir ni de disertar sobre las pose-
      siones, la propiedad privada o las ganancias y las
      pérdidas.
Entonces me ocurrió una deriva, me sucedió un devenir, me fui
      largamente metamorfoseando, y me volví locuaz.
Y me volví silencioso, audaz, cobarde, insidioso, derrochador.
Cualquier cosa menos la una múltiple que todavía, cierta-
      mente, no conozco ¿y qué importa?

## *from* Chapter IX, Lines

Twice I wished to fall, then I wished to fall nineteen times: it
   was in the summery days of adolescence.
I read books, I: without dreams, beneath the sheets. I would
   grow deaf from the brilliance of the pages and then
I would get up to go to school, to set down upon the Lines the
   immaculate taste of a few dying readings.
I went back to my old ways: my bold days. How blind I was,
   how neat and tidy: I was respectable, I showered—really,
   I did. Assembly rooms, smirks, lamps, trash cans, jewels
   and glass beads, bedrooms and exceedingly elegant
   corridors
were placed at my disposal, given to my hunger for reality:
   such trivial passion, for I was full of things and
what I believed was Reality was nothing but Lines, just lines
   from a dead, infested city, from a contagion
of death. Later I didn't want that, I wanted blood—I wanted
   my Mexican vampirism, the salty pleasure of contact
with the street, the blackened knowledge of the Others.
   Nothing came of nothing: everything had its motivation,
   I was coming to know
without knowing that my humanity was that of others and my
   humanity was my own and
it was not a matter of discussion or of expounding upon pos-
   sessions, private property, or profits and losses.
Then I found myself adrift, a shift was taking place in me, I
   was very slowly metamorphosing, and I became
   talkative.
And I became silent, bold, cowardly, treacherous, spendthrift.
Anything but the single multiple that, without a doubt, I still
   don't know, and who cares?

Eso, eso sucedió: eso me sucedió. Esas cosas me pasaron a mí,
    sólo que desde el alto cielo de pájaros intangibles
las palabras fueron cayendo hasta mi imposible fondo como el
    conocimiento o el amor.

\*

Descansan doce mil perros encima de la navaja sublunar.
En reposo yacen magnánimos canes en número de doce mil-
    lares sobre la yerma exageración del filo navajero.  Esto
    sucede
debajo de la luna, sus mirlos celestiales, sus palmeras inexis-
    tentes, su solo brillo para la mandíbula de Pierrot.
Mil perros para cada mes, así ocurre:  el enceguecimiento
    esmalta su puntual dentadura.  La furia que los ciega
    —lo que
no les impide reposar— espumea o espumeará en el hocico.
    Huelen rosas extrañas bajo las patas de los perros; ellos
    sorben caldos amargos, descubren tiaras en la sopa.
Cuántos perros, qué tiradero de perros bajo la luna y sus anil-
    los;
estos meses, con su millar de perros cada uno, estos meses de
    canes y de hocicos y rosas.
Estos meses de rayados recuerdos y de atravesadas experien-
    cias. Meses de rayas, de desconsuelo, casi sin escribir.
Meses de exaltación y de pureza, de enormes dudas y de men-
    tiras piadosas que hacen más daño que un perro rabioso.

El dedo tenaz en la hoja penetrada de la carne.  La carne
    humedecida bajo las estrellas imparciales.
Gestación de perfumes y de rosas entre las rayas del mundo
    enceguecido.
No mi plegaria ni mi duda sino la plata generadora de mis
    acariciadas entrañas —eso es

That, that is what happened: that is what happened to me.
   Those things happened to me, except that words came
   tumbling down
from the high sky of impalpable birds to my impossible depth
   like knowledge or love.

\*

Twelve thousand dogs lie on the sublunar jackknife.
Magnanimous hounds lounge to the number of twelve thou-
   sand along the barren exaggeration of the knife blade's
   edge. This takes place
beneath the moon, its celestial blackbirds, its nonexistent palm
   trees, its lonely shining for the jawbone of Pierrot.
A thousand dogs for every month, that's how it works: the
   blinding enamels their punctual teeth. The rage that
   blinds them—which
doesn't keep them from resting—foams or will foam at the
   muzzle. Strange roses redolent beneath the dogs' paws;
   the dogs sip bitter broths, find tiaras in the soup.
So many dogs, such a mess of dogs beneath the moon and its
   rings;
these months, each with their thousandfold dogs, these months
   of hounds and muzzles and roses.
These months of scored memories and transfixed experiences.
   Months of lines, of despair, hardly any writing at all.
Months of exaltation and purity, of huge doubts and pious lies
   that cause more harm than a rabid dog.

The insistent finger on the pierced page of the flesh. The clam-
   my flesh beneath the impartial stars.
Gestation of perfumes and roses among the lines of the blinded
   world.
Not my prayer nor my uncertainty but the generative silver of
   my gently stroked bowels—that's

lo que está en la planicie de esta droga séxtuple, sabatina.
   Gatos, divanes, un recitado Baudelaire a deshoras.
Prefiero ser el abismo del fluido espejo, su raya profunda, en
   vez del mirlo de metálicos ojos
y dedos urgentes. Busco serenidad, busco la dicha unida a la
   verdad, mis invenciones.

                               *


Me doblo y me derramo entre rayas cuantiosas, entre ladridos
   y señales de humo borracho. Me levanto
a pedir la palabra y lo que me sucede es un silencio apoplético,
una hinchada cerrazón de los labios. Invierno en mi boca,
   locuaz manera de callarse en la siempre sinrazón
del discurso. Me derramo, me tiento, me enfrío en ráfagas, en
   disparos de luz, junto a las fuentes y las monedas
—inviernos por el suelo, diciembres turbios en la tela de mi
   ropa enloquecida, tirsos de miel paralizada
en mi lengua estéril. Callo, me doblo y empiezo a hablar con
   una cuidadosa lentitud de convaleciente.

No suceda la mística travesura de aparecérseme el dios
   ambiguo cuando estoy a punto de vomitar —pues cómo
   entonces
al doblarme y abrir la boca el cielo se encendería para recon-
   venirme.
No es la moralidad teológica que deseo: quiero en cambio la
   plenitud de la viscosa deyección, de sus
amplísimas sacudidas, de sus oleadas por mi esófago encendi-
   endo la penumbra del pecho ya desarticulado. El dios
   ambiguo
espere —con su traje de rayas celestiales— a que me limpie, a
   que pueda siquiera caminar siete o nueve pasos: así,
el fasto de las apariciones tendrá mi envenenado aliento para
   mejor decirse en el trance de mis lenguas misteriosísimas.

what is on the plain of this sixfold sabbatical drug. Cats,
    couches, a poorly timed recitation of Baudelaire.
I prefer to be the chasm of the liquid mirror, its deepest line,
    than the blackbird with metal eyes and urgent fingers. I
    seek serenity, I seek happiness joined with truth, my own
    inventions.

*

I bend over and spill out between a multitude of lines, between
    barking and signs of drunken smoke. I stand up
to speak and what I get is apoplectic silence,
a swollen, threatening sky of lips. Winter in my mouth, wordy
    way of shutting up in the eternal outrage
of discourse. I spill over, touch myself, grow cold in gusts of
    wind, in shots of light, beside the fountains and the coins
—winters lying on the ground, murky Decembers in the fabric
    of my maddened clothes, thyrsi made of paralyzed honey
on my sterile tongue. I fall silent, bend over, and begin to
    speak at a convalescent's cautious pace.

May the equivocal god not play that mystical prank of appear-
    ing to me just as I am about to throw up—for how as I
bend over and open my mouth could the sky light up to
    rebuke me?
I do not desire theological morality: rather, I want the abun-
    dance of the viscous excretion, its
full and ample shuddering, its waves surging through my
    esophagus, kindling the half-light of my disarticulated
    breast. The equivocal god
must wait—in his suit of celestial stripes—for me to clean
    myself up, for me simply to be able to take seven steps or
    nine: that way
the pageantry of appearances will have my poisoned breath so
    as better to speak in the trance of my exceedingly myste-
    rious tongues.

Algol, algolagnia: estrellas del dolor, astros del desenfreno, vel-
    los afligidos del sexo, hambre
de la caliente y tormentosa tortura. Una estrella, Algol, brilla
    en la alta esfera de mi deseo (*algolagnia* es
la relación sexual dolorosa). Cubro mi lenguaje con estas ven-
    das, lo apaciento, lo lamo.
Mi lenguaje se junta con Algo, con algolagnia. Duelen estas
    palabras mientras me doblo y me derramo.
Rayas de orgasmo ocurren, se duplican, sudan, se multiplican.
Algo más claro: algolagnia, Algol. Mi cielo sexual, mi derra-
    marme sobre la basura terráquea, mi
astro concreto de vellos, de carne rebelde, minutos despeñados.
Manadas, planicies, rayas. Soy muchos. Estoy siendo el cielo
    donde un sol equívoco me acaricia
con una lengua de mil nombres, de dos mil vestiduras, de tres
    mil adverbios agonizantes.

                            *

Estar vivo, eso es todo, las rayas del abundante amanecer
no dicen otra cosa. Ahora voy a describir lo que me toca
    describir:

El cuerpo firme y todas sus ideas dicen *esperar*.
El cuerpo está recibiendo el amanecer, son olas llenas, cruzan
    por la limpieza de los ojos.
(Ya escribir es una forma del cuerpo...) Recibo esto con una
    plenitud de ayeres, algo ya conocido
—pero nunca sabido, nunca puesto en palabras. El alma se
    hace cuerpo, la carne
va conociendo nombres que nunca presintió, largos nombres,
    llenos vocablos. Voy saliendo a recibir en la lengua el
    poder.
Las rayas del poder me dicen que, finalmente, no se trata de
    eso.

Algol, algolagnia: stars of pain, heavenly bodies of no
    restraint, afflicted pubic hairs, hunger
for hot and stormy torture. A star, Algol, shines in the high
    vault of my desire (*algolagnia* is painful sexual relations).
    I cover my language with these bandages; I minister to it,
    lick it.
My language joins with *Algo,* with *something,* with algolagnia.
    These words ache as I bend over and spill out.
Lines of orgasm occur, duplicate, sweat, multiply.
Something clearer: algolagnia. Algol. My sexual sky, my over-
    flowing onto the earthly garbage, my
concrete heavenly body of pubic hair, of rebellious flesh, min-
    utes flung over the edge.
Herds, plains, lines. I am many. I am being the sky where an
    ambiguous sun caresses me
with a tongue of a thousand nouns, of two thousand vest-
    ments, of three thousand adverbs in the throes of death.

*

To be alive, that is all, the lines from the plentiful break of day
say just that. Now I'm going to describe what it is my lot to
    describe:

The firm body and all of its ideas say *wait.*
The body is receiving the dawn, the ample waves, they pass
    through the shining of the eyes.
(Writing is already a form of the body...) I take this in with an
    abundance of yesterdays, something familiar
—but never known, never put into words. The soul becomes
    body, the flesh
comes to know nouns it never foresaw, long nouns, full words.
    I am going out to receive the power on my tongue.
The lines of power tell me at last that that is not what it's
    about.

¿Entonces qué? Mis pies me llaman con una honda ternura,
un par de pies tibios, terráqueos; pies de humano ser, pedazos
de carne sola y doble, pies de caminatas hondas y
      esperanzadas.
El cuerpo tiembla, se rehace. Voy desnaciendo. Voy, sin
      saberlo,
al pozo más solitario, a la hondonada roja: mis pies avanzan,
      tiemblo,
ya no sé ni mi nombre, todo es la negrura, y mi llanto me
      asusta.
He de llorar y lloro entre las ráfagas azules. Yo mismo me
      salvo,
me agarro los cabellos y salgo hasta donde el cuerpo firme y
      todas sus ideas siguen esperando, estoy
en la crucifixión, en la fría llamarada, en el solo desierto.
Todo está rojo, tiemblo. En mi boca se cuecen los fantasmas
      del susto, del gran miedo.
Estoy entrando en la llamarada negra, en la piedra movediza y
      roja.
Alzo la cara, veo espejos...
Veo la llamarada, las rayas doradas en movimiento. Veo el
      temblor de todo lo diferente. La materia
me circunda y me enciende; soy un pedazo de la materia adver-
      sa que me habla sin palabras; es
un círculo, un vértigo, una fiera, un vocabulario.
Sigo mi paso, sigo mi movimiento: cruzo la materia, soy como
      un fantasma, estoy claramente
en la luz de este mundo. Amanece. No reconozco mis palabras.
      Y en mis palabras veo una negrura, un rojo miedo.
En la transparencia roja y negra de las palabras
veo un cuerpo muerto que es mi cuerpo. Me doy palabras, me
      muevo, sigo mi movimiento.
El mundo relampaguea en mi cara. El mundo es otro cuerpo,
      como el mío, pero está hecho de enormes chispas, de

So what's it about? My feet call me with profound tenderness,
a pair of lukewarm earthly feet; the feet of a human being,
    chunks
of flesh, single and double, the feet of long walks, deep and
    full of hope.
The body trembles, recovers. I am being unborn. I am,
    unintentionally,
heading to the loneliest well, to the red hollow: my feet press
    forward, I tremble,
I no longer even know my name, all is blackness and my
    sobbing frightens me.
I must cry and I do in the blue gusts of wind. I save myself,
clutch my hair, and go out to where the firm body and all of
    its ideas are waiting, I am
at the crucifixion, in the cold blaze, in the lonely desert.
Everything is red, I tremble. The ghosts of fright, of the potent
    fear, simmer in my mouth.
I am entering the black blaze, the shifting red rock.
I lift my head, see mirrors…
I see the blaze, the golden lines moving around. I see the earth-
    quake of everything that is different. Matter
surrounds me and lights me on fire. I am a chunk of the
    adverse matter that speaks to me without words; it is
a circle, a vertigo, a beast, a vocabulary.
I continue walking, continue moving: I pass through matter, I
    am like a ghost, I am clearly
in the light of this world. Day is dawning. I don't recognize my
    words. I see a blackness in my words, a red fear.
In the red and black transparency of the words
I see a dead body that is my body. I give myself words, move,
    continue moving.
The world flashes in my face. The world is another body like
    my own, but it is made of gigantic sparks, of

resplandores. El mundo es una mancha luminosa que voy
    tragándome.
Está amaneciendo pero yo no lo creo. Me levanto, dudo de
    todo.
Me entrego a la luz, otra vez me levanto. El mundo
es una mancha en el espejo. La luz va dándome nombre, no lo
    quiero.
El mundo me dice lo que tiene que ser. Hay una llama viva.
Tendré que decir lo que tenga que decir—o callarme.

gleamings. The world is a radiant stain that I am swallowing.
Day is dawning, but I don't believe it. I get up, doubt every-
    thing.
I offer myself to the light, get up again. The world
is a stain on the mirror. The light is giving me a name; I don't
    want it.
The world tells me what must be. There is a bright flame.
I must say what I must say—or be silent.

*III. After* Incurable

# Trece intenciones contra el amor trivial

*Si la palabra es el principio de la acción,*
*liberemos la palabra de la esclavitud doméstica*
*rellenándola de cáncer, del virus más venenoso*
*e incurable, y lancémosla al cuerpo del amor trivial.*

LLUÍS FERNÁNDEZ, *El anarquista desnudo*


1

Razones viudas por las que
"sucede que me canso de ser hombre",
líquido desflecado y fértil
de la mujer que no soy; líquido
terso, cristalino, que sale
de los senos que no tengo.


2

Enigmas, siempre, del coito
conmigo mismo: uróboro,
Anillo de Moebius. Evidencias,
de una manada, de una multitud
que se difunde dentro de mí
—circula, quiere algo: ama, se ama.


3

Hay mujeres, mal sueño mío,
muertas en mí —arrojadas como cabelleros.

# Thirteen Propositions against Trivial Love

*If the word is the beginning of action,*

*let us free words from domestic slavery,*

*filling them with cancer, with the most virulent and incurable*

*virus, and let us hurl them at the body of trivial love.*

LLUÍS FERNÁNDEZ, *The Naked Anarchist*


1

Widowed reasons why
"it happens that I grow tired of being a man,"
frayed fertile liquid
of the woman I am not; glistening,
crystalline liquid trickling
from the breasts I lack.


2

Always the enigmas of coitus
with myself: uroboros,
Möbius strip. Proof
of a herd, of a crowd
that spreads within me
—circulates, wants something: loves, loves itself.


3

There are women, a bad dream of mine,
dead inside me—tossed like heads of hair.

4

En mis fotografías de niño estoy
indiferenciado, un amasijo
de palpitante energía carnal, sin
sonrisa, sin miedo, sin neurosis.


5

Misterios de mis labios bajo el bigote
imperioso y solipsista, hirsuto paisaje
de los caracteres secundarios.


6

Tacto y sudor, míos, de hombre,
a veces, sobre una carne en penumbra
deleitada, carne desconocida, sedienta;
carne imborrable, con un corazón
afilado y leve, y otros latidos milenarios,
caudalosa carne abrazada a mí, a mis
ficciones concretas de persona, mi yo turbio.


7

Una sequía no divide,
mi vertebral llamarada
y tus ansiosas vértebras
lo saben interminablemente.

4

In photographs of me as a child I am
undifferentiated, a jumbled mass
of throbbing, carnal energy, un-
smiling, unafraid, unneurotic.

5

Mysteries of my lips beneath my mustache,
imperious and solipsistic, the hairy landscape
of minor characters.

6

On occasion, touch and sweat,
male, my own, upon flesh in delighted
shadow, unfamiliar, thirsty flesh;
indelible flesh, with a heart,
slender and light, and other millenary beats,
abundant flesh embracing me, my
concrete fictions as a person, my turbid self.

7

A drought divides us,
my vertebral flame
and your nervous vertebrae
know this incessantly.

8

¡Ah!, instantáneos abismos
de mi apetito, la mayoría de edad
y sus frustrados paraísos, los jardines
parásitos del hambre individualista
que va sintiendo el cráneo macho,
secamente, resplandeciendo por lo bajo
y con los dientes apretados.

9

Falo y esperma, grandes símbolos
y minuciosos abalorios del amor trivial
—losa diamantina en mis lomos adultos.

10

Pero quién quiere culpas, por lo demás:
pedazos muertos del falo-gimnoto,
pedazos muertos de la vulva-caverna: Culpas.

11

No quiero culpas prendidas,
como millar de escapularios,
en el envés de mi falda de hombre.

12

Doy mi palabra de hombre y cuánto pesa,
circula austera, devuelve un aroma
musculado y gentil, de cedo-el-paso, de ir
por el lado de afuera en la banqueta, de
extender una mano —sólo tendones, venas.

8

Oh! Instantaneous chasms
of my appetite, age of majority
and its thwarted paradises, parasitic
gardens of individualism's hunger
that brusquely fingers the male skull
gleaming underneath,
teeth clenched.

9

Phallus and sperm, great symbols
and tiny adornments of trivial love
—glittering slab on my grown-up loins.

10

But who's interested in guilt? On the other hand,
dead scraps of the phallus-eel,
dead scraps of the vulva-cave: Guilt.

11

I don't want guilt pinned
like a thousand scapulars
to the lining of my mannish skirt.

12

I give my word as a man and how weighty it is;
it circulates sternly, exudes a muscular and
polite scent of after-you, of walking
on the outside of the sidewalk, of
reaching out one's hand—nothing but tendons, veins.

13

Mis palabras quisieran
restañar esa herida: la
mordedura del amor trivial.

*Amor, amor detén tu planta impura.*

Vicente Aleixandre

13

My words would
stanch that wound: the
bite of trivial love.

*Love, love, still your unchaste step.*

VICENTE ALEIXANDRE

# Maquinarias

## 1

Para qué sirve todo eso te digo tu fiebre tu sollozo
Para qué sirve gritar o darle cabezazos a la niebla
Por qué romperse en las ramas rasguñar esos níqueles
Con qué objeto salarse mancharse darse dolor o darse ira
Te digo que uno no sabe a veces cómo salir de esta campana
Te repito que anda uno por las calles ahogándose
Y por todos lados nos preguntan el precio la obligación
Ya no nos dejan dormir tranquilos soñar tranquilos murmurar
Estamos solos amor no sabemos nada sabemos nada nada
Solamente puedo ver esos chispazos al fondo de tus ojos
Puedo sentir tu saliva en los deslizamientos nocturnos
Toco las sábanas que cubren tus hombros perfectos y me callo
Suenan maquinarias profundas en medio del azul formidable
Se rasgan las orillas dicen que estamos enfermos que somos
    tontos
Sé que ves en mi boca los dulces envenenamientos del beso
Comprendo cuánto vas olvidándome cuánto te voy perdiendo
Para qué sirven digo mi fiebre o mis lágrimas bajas
Pinches basureras palabras Y una vez más por qué enojarse
No hay motivo nada pasa nada sucede El alto cielo mexicano
Está llenándose Así el silencio va cubriendo el amor

## 2

Come aquí el amor sus panes
de ángulos alucinantes; aquí se viste

# Machinery

1

What's the use of all this I ask you your fever your sobbing
What's the use of yelling or butting your head against the fog
Why crash in the branches scratch those nickels
What's the point of jinxing yourself staining yourself
causing yourself grief or making yourself angry
I tell you one doesn't always know how to escape this bell
I tell you again that one walks the streets drowning
And everywhere they ask us our price our duty
No longer do they let us sleep peacefully dream sweet dreams
        mumble
We are alone love we know nothing know nothing nothing
All I can see are those sparks deep in your eyes
I can feel your saliva in the slippages of the night
I touch the sheets that cover your perfect shoulders and I fall
        silent
Profound machinery sounds amid the formidable blue
scrapes at its edges they say we are sick we are foolish
I know you see the sweet poisonings of the kiss in my mouth
I understand to what extent you are forgetting me to what
        extent I am losing you
What's the use of my fever I say or my vile tears
Damn trash-gathering words And once again why get angry
There's no point nothing happening nothing going on The high
        Mexican sky
Is filling up And so silence is covering up love


2

Here love eats its bread
of dazzling angles; here it puts on

con su ropa bruñida. En este sitio
hácese con dolor. No es otra su nación
pues aquí nace, cunde y se alumbra todo.
Va teniendo a centímetros su cara ardiente;
va poseyendo, a miles, sus ilustres miembros.
Cómo el amor se moja aquí, cómo se aclara
su corazón, cómo se pulen a puñados
las redondas arenas de su orbe.
Destila sus licores de candente frialdad
y perfecciona el astro de lo que en él
ha da ser más que él: muerte, abismo, libertad, luz,
odio puro. Lugar de amor, así, ese que aquí
va desgarrando el aire con sus filos de flores
y con el agua del silencio hecha sólo de tiempo.
El amor, de tan grande, no cabe en este cuerpo
y a él debe rendirse. Tal es la ley
que lo ceba en sus brillos y sin cesar
lo inunda, le da panes, lo olvida. Irremediablemente.


3

Veré cómo el fuego inunda la tiniebla
y el modo angélico en que tu cuerpo nace de mi cuerpo.
Nada seré en la sombra para ti sino
el hambre celestial de mis miembros y el furor dulce
de mi ansia, brillando en la pradera de la alcoba.
Apenas un dibujo de sangre sobre tus piernas, una sed,
un cuchillo, un lobo metafísico. Un sueño
sobre las doradas pantallas del amor, vibrante.
Tú te convertirás en una sílaba de mi pecho,
tus delgadas facciones recorrerán el cielo de mi boca.
Seremos semejantes hasta el dolor, mujer y hombre
saciados y contritos, inclinados
hacia el reflejo de la tierra fecunda

its spruced-up clothes. This is where
it is made in pain. Its nation is none other
for here it is born, increases, and is wholly illuminated.
Centimeter by centimeter, it acquires its burning face;
by the thousands it possesses its distinguished members.
How love gets drenched here, how its heart
grows clear, how the rounded sands of its orb
are polished by the pound.
It distills its liquors of candescent cold
and perfects the star of what within it
must be more than love itself: death, abyss, liberty, light,
pure hate. Place of love, and so, that which
slashes the air here with its blades of flowers
and with the water of silence made solely of time.
Love, large as it is, does not fit in this body
and to it must submit. Such is the law
that fuels it in its splendor and ceaselessly
floods it, gives it loaves of bread, forgets it. Irreparably.


3

I will see how the fire drowns the darkness
and how like an angel your body is born of mine.
I will be nothing for you in the shade but
the heavenly hunger of my members and the sweet fury
of my anxiety, shining in the meadowland of the bedroom.
Just a sketch of blood across your legs, a thirst,
a knife, a metaphysical wolf. A dream,
vibrant on the gilded screens of love.
You will become a syllable in my breast,
your delicate features will travel the roof of my mouth.
We will be equals even in pain, woman and man
quenched and contrite, leaning
toward the reflection of the fertile earth

que los sostiene. Verás cómo el fuego me cubre, cómo
la oscuridad se esconde en los pliegues de la luz...
La enormidad de la noche es una anécdota sucia,
una esencia que va convirtiéndose en apariencia.
Te digo que somos más grandes que la noche, que ahora
sólo basta nuestro murmullo para que el fuego
entre aquí, llene todo esto, nos inunde.

that sustains them. You will see how the fire envelops me, how
the darkness conceals itself in the folds of light...
The vastness of the night is a soiled tale,
an essence slowly turning into appearance.
I tell you that we are bigger than the night, that all we need
to do right now is whisper for the fire
to come in here, fill all this, drown us.

## Bolero en Armagedón

Hácese añicos el mundo en estado de sitio, uña
sobrecogida que la mugre cubre, camino de silencio y destello
    final.
Los saxofones de Jericó, las ballestas de plutonio, el *adiós*
que me diste con el ceño fruncido: qué modo
de terminarse las cosas, manera turbia del derrumbe,
yo, tú, la sombra horrísona que borra el mundo
como un migajón eficaz, centella universal, trizadero
de cosas largamente deseables. Qué cancelación, carajo,
fin del mundo. Qué manera de salir de su vaina la espada
de Ezequiel: abandonado amante —yo— en medio del parque
    imparcial,
Sodoma, Nueva York, la Biblioteca de Alejandría, todo
    destruido.
Tus manos radiantes que se alejan después del milimétrico
    destrozo.

# Bolero at Armageddon

The world under siege is smashed to pieces, startled
fingernail covered in grime, silent path, and last conflagration.
The saxophones of Jericho, the plutonium crossbows, the
    *goodbye*
you gave me with a frown: what way is this
for things to end, what cluttered form of collapse,
I, you, the cacophonous shadow erasing the world
like an efficient piece of eraser, universal spark, shredder
of things long desirable. What an obliteration, goddammit,
end of the world. What way is this for Ezekiel's sword to be
unsheathed: abandoned lover—I—in the middle of the
    impartial park,
Sodom, New York, the Library of Alexandria, everything
    destroyed.
Your radiant hands that pull back after the pinpoint
    destruction.

# Neblina veraniega

Detenido en la tensa turbulencia del aire
Y con los ojos abiertos en medio de la neblina veraniega
Con bravas intenciones de vivir de amar
Te he esperado aquí
                    En las orillas húmedas del amanecer
Y vi cómo llegabas dominándolo todo
Y sentí la fiebre de tus manos en mi carne y supe
Que estabas y cómo vibrabas lentamente hacia mí
Acercándote irresistiblemente como una adivinación
Como un pedazo de madera ardiendo en el mar
Como un vuelo de pájaros enloquecidos que anuncian Tierra
Semejante en todo a la luz matinal depositada en mi pecho
Fiel en la sombra de tu acercamineto y llena de noticias
Una o dos frases como saetas y luego tu risa
Tu risa caliente y acogedora y tu cuerpo visible
Y mi cuerpo en la misericordia de la noche
Juntos al fin amor amor
                    Bajo la protección del tiempo
Sintiendo en las bocas una fragancia sólo nuestra
Saboreando esa pedacería íntima de rescoldos y de sudor
Abiertos como frutos y jadeantes y con los ojos una vez más
        abiertos
Para vernos pues había que saberlo de nuevo y la desnudez
No se otorga rápidamente pues hacen falta noches y
        atardeceres
Y agua en la luz y unas hierbas buenas y vasos
Hacen falta lágrimas y resplandores para ganar la desnudez
Tú lo sabías
            Yo ahora lo sé y el mundo está unido
Un instante tan sólo en la palma de nuestras manos

# Summer Mist

Held in the tense turbulence of the air
With eyes wide open in the middle of the summer mist
And the bold intention to live to love
I've waited for you here
                    On the damp edges of the break of day
And saw how you arrived holding sway over everything
And I felt the fever of your hands on my flesh and knew
That you were here and the way you quivered slowly toward me
Approaching irresistibly like a prophecy
Like a chunk of wood ablaze on the sea
Like a flight of maddened birds heralding Land
Alike in every way to the morning light deposited in my chest
Faithful in the shadow of your approach and bursting with
        news
One or two sentences like darts and then your laughter
Your hot and welcoming laughter and your visible body
And my own in the mercy of the night
Love love together at last
                    In time's safekeeping
Tasting our unique perfume in our mouths
Savoring that intimate shambles of embers and of sweat
Open like fruits and panting and with our eyes open once again
To see ourselves for we had to know it again and nakedness
Does not bestow itself quickly for nights and afternoons are
        needed
And water in the light and a few good herbs and glasses
Tears and twinklings are needed to achieve nakedness
You knew it well
                    I know it now and the world is joined
For just an instant in the palms of our hands

## Bajo la mano radiante

Viva y oscura,
                del yodo de tu sien
y de la diadema de gamuza del antebrazo
      que sabes hacer brillar,
                     del halo de rudeza
que alimentas en mí y de los ojos puros del sueño,
viva y oscura —digo—, despréndeme
y circunda y taja.
                No vuelvas, no ahora, ni
con esa dentadura de cielo —tu arisca lucidez,
tus óbolos inoportunos, tu salaz tontería.
Perdóname, pero no vuelvas. Perdóname
y ágil, universal de tu matanza, ungida,
olvidadiza
                —reza, no me detengas
ni censures. Pero vete de veras. Inolvidable,
viva y oscura,
                elemental de lunas, agua
de venenos internos —aléjate, vivifícame, todo
sea explicado y unido
bajo la mano radiante del espíritu.

# Beneath the Radiant Hand

Quick and dark,
                    from the iodine of your temple
and the chamois diadem of the forearm
        you know how to make shine,
                                    from the crude halo
that you nourish in me and from the pure eyes of dream,
quick and dark, I say, loosen me,
surround and chop.
                    Don't come back, not now, not even
with the sky's teeth—your skittish lucidity,
your inconvenient alms, your salacious nonsense.
Forgive me, but don't come back. Forgive me
and agile, universal in your killing, anointed,
absentminded
                —pray, do not stop me
or condemn me. But really, get out of here. Unforgettable,
quick and dark,
                simple of moons, water
of inner poisons—go away, revive me, may
all be explained and joined
beneath the radiant hand of spirit.

# Seres patológicos

## NOVELA

Con una quietud intolerante,
ella se entregaba a las hechicerías del vino.
Pero él sabía cómo
arrastrarla al desmayo, a los torvos
amaneceres de la estupefacción.

Ella tenía un rostro inhumano,
de blancos ángulos. Él
conocía las magias de la insolencia
y la plentitud del dominio.

Pero ella sabía qué adverso
y tenaz modo lo confundía.

Él ignoraba el arte del sueño
y ella le cubría la cara de pesadillas.

# Pathological Beings

NOVEL

    With intolerant composure
she yielded to the incantations of the wine.
    But he knew how
to drag her into a swoon, into the grim
    daybreaks of stupefaction.

    She had an inhuman face,
all white angles. He
    knew the spells of insolence
and the fullness of authority.

    But she knew what untoward
and tenacious manner would confound him.

    He was unaware of the art of dreams,
and she smeared his face with nightmares.

## Oración del 24 de diciembre

Ven con tus pasos negros, híbridos, infectados. Entra en la sal de mis ojos y despójame de la extrañeza, dame la santidad, húndeme en los deslizados fragores de tu carne.

Tocaré tu rectitud, me desharé en los trapos con que tú me recogerás —un fardo solo por los callejones, listado por la sanguaza de la luna clemente.

El mar te une. Lanzas de oro.

Despójame de la extrañeza. Cúrame. Levántame de la tierra sucia.

Gas, yerbas, listones, gabarras, navajas, ristras: toma tus instrumentos, Vampiro, y muérdeme. Ponme en ese lugar, detrás de las idiotas palabrerías, en tu perfumada entrepierna china. Tócame con tus dedos de cosa y con tus huesos de locura. Estoy esperando.

Lanzas de oro. Húndeme en el cristal y álzame destos lodos. Olvídame.

Rasga esta camisa y roza esta boca barata que llevo. Arrástrame por el cuarto y besa estas puntas, estos lapiceros, estas líneas derretidas en la sombra.

Toda mi memoria está en el desierto de tus manos.

Estoy esperando, sumergiéndome. No sé dónde estás porque el alcohol derramado me va tajando hasta volverme ciego: me vuelve una lámina con sed, un animal de patas afiladas. Sálvame con tu odio y con tus estrellas y con el papel que tu sudor ha manchado y ennoblecido.

# Prayer for December 24

Come to me, your footsteps black, mongrel, diseased. Enter the salt of my eyes and strip me of my strangeness, make me holy, submerge me in the slipped clamoring of your flesh.

I will touch your uprightness, I will dissolve in the rags you use to gather me up—a lone parcel in the alleyways, streaked with the tainted blood of the clement moon.

The sea joins you. Spears of gold.

Strip me of my strangeness. Cure me. Raise me from the dirty ground.

Gas, herbs, ribbons, barges, jackknives, skeins: take up your instruments, Vampire, and bite me. Set me in that place behind the idiotic chatter, in your curly perfumed inner thigh. Touch me with your fingers of thing and your bones of madness. I am waiting.

Golden spears. Immerse me in crystal and lift me from this mire. Forget me.

Tear this shirt and graze my shabby mouth. Drag me through the room and kiss these fingertips, these fountain pens, these lines dissolved in shadow.

The whole of my memory rests in the desert of your hands.

I am waiting, going under. I cannot find you because the spilled alcohol is slicing me into blindness: it turns me into a thirsty engraving, an animal with whittled legs. Save me with your hate and with your stars and with the paper discolored and dignified by your sweat.

¿No me van a salvar tus pasos negros? Lanzas de oro, al fin, te circundan como si fueras una ciudad o una isla. Yo seré esas armas. Me transfiguraré para ti en medio del suplicio de los insomnios mexicanos: para no dormir estaré ahí, en tus Heridas, como la jugosa metamorfosis carnal que deberá alimentarte.

Mírame, mírame. Escucha esto: "Cartílagos, páginas, rodillas rotas, trucos, travesaños: esto es mi memoria. Por esa memoria ruego ahora. Por eso, dioses, quiero que tú me salves".

No te mueras, no ceses, no te desvanezcas. Penetra en la gasa de mi desmayo y sóplame. Estrecha mi espalda y desnúdame hasta el dolor y oprímeme con lentitud y sácame los fantasmas tensos que llevo bajo la lengua y rodéame con tu fulgor.

No te vayas, no me dejes así, no te detengas en medio de la resaca suspendida del rencor.

Háblales a esos dioses del poder y del reino y reza por mí. Sé la oficiante, intercede. Redime la vulgaridad de mi brillo, no me dejes. Rescátame de la insolencia y de la necedad. Ilústrame, devuélveme lo que es mío, no me pierdas. Y hazme sabio con las potestades de tu saliva y tu cabello. Bésame como si fuera yo un poco de agua. Termina conmigo si no merezco eso, intoxícame y abandóname.

El mar está esperando. Mira el hechizo. Mira la magia de sus espumas, de sus relámpagos, de sus piedras. Estamos ahí, aquí, sufriendo como perros divinos. Es nada más la hora del amor.

Nadie va a poder entender esta agonía. Te estoy viendo. Tú me estás viendo.

Won't your black footsteps save me? In the end, spears of gold circle you as though you were a city or an island. I will be those battle arms. I will transfigure myself for you within the torment of Mexican insomnias: I will be there in your Wounds to keep from sleeping, like the juicy metamorphosis of the flesh that shall nourish you.

Look at me, look at me. Listen to this: "Cartilages, pages, broken knees, tricks, crossbars: this is my memory. It is on account of that memory that I'm praying now. That, gods, is why I want you to save me."

Don't die, don't stop, don't disappear. Penetrate the gas of my fainting and breathe on me. Embrace me and strip me down to the pain and squeeze me slowly and yank the taut ghosts from under my tongue and surround me with your splendor.

Don't go, don't leave me like this, don't pause in the middle of the suspended undertow of spite.

Speak to those gods of the power and the kingdom and pray for me. Be the officiant, intercede. Redeem the garishness of my luster, don't leave me. Rescue me from insolence and foolishness. Illustrate me, return to me what is mine, don't lose me. And make me wise by the authority of your saliva and your hair. Kiss me as though I were a trickle of water. Cut me off if I am undeserving of it, intoxicate and abandon me.

The sea is waiting. See the spell it casts. Look at the magic of its foam, its lightning bolts, its stones. We are there, here, suffering like divine dogs. It is nothing less than the hour of love.

No one will be able to grasp this agony. I am watching you. You are watching me.

Nos tropezaremos embrutecidos, llenos de narcóticos tibios, borrachos o pálidos: más que pálidos, blancos. Emblanquecidos por lo que vemos caer del cielo, pura agua de lluvia. Ese calor húmedo que nos hará cerrar los ojos y mirar lo que queremos hoy, drogándonos completamente.

Lávame. Quítame estas mugres metafísicas. Dame panes y relicarios, dormidas águilas y espadas, ropas dignas y una serenidad de porcelanas y de tés. Límpiame para que pueda verte sin vergüenza en medio de la noche resplandeciente.

We will bump against each other, dumbfounded, full of warm narcotics, drunk or pale—beyond pale: white. Bleached by the pure rainwater we watch fall from the sky. The moist heat that will cause us to close our eyes and to look at what we want today, drugging us altogether.

Wash me. Remove from me this metaphysical grime. Give me loaves of bread and lockets, sleeping eagles and swords, respectable clothes and a tranquillity of porcelain and teas. Cleanse me that I might look at you without shame in the middle of the gleaming night.

## Oración del 21 de agosto

Oración de la noche para la persona imborrable. Palabras de pasamanería para tu magnetismo, para tu hipnotismo, para tu tiempo de espada bajo el agua, ceremoniosa y sensual, geometría del vértigo. Voz inocultable. Voz rápida, extenuante. Voz de ti en mí, que estoy muerto. Yo no estoy muerto porque todavía debo decir la oración de la noche para ti, Persona del Abismo.

Surco de mi sollozo. Flor sangrante en mi cara. Licor adicto. Espada de la noche. Agua desnuda en medio de los fuegos inagotables. Diamante borrado contra el siglo. Anillo de alcohol bajo la piel del sometido. Rastro de sal en la dulzura de mi paso. Gramo de oro en mi mano asesina. Roja señal. Humo azul en mis pies. Astro hecho de piedras. Vidrio puro y cruel.

Oración de la noche para la persona exhausta. Oración de la madrugada para la bestia carnívora. Oración de la tarde para los ángulos del mundo en que apareces y desapareces, persona imborrable. Oración del silencio para el estruendo y oración de los cuatro espacios para los tres tiempos. Oración del fin y de la resurrección. Oración de la gratitud y de la extenuación.

Respiro sin santidad pero estoy sometido a tu claro designio. Camino sin dirección pero tú eres mi norte y mi destino. Hablo sin sensatez pero tú eres mi ardiente sabiduría. Trabajo sin provecho pero tú eres mi riqueza y mi templo. Sueño sin alegría pero tú eres mi venero de imágenes. Amo sin valentía pero tú eres mi camino hacia la sobrenaturaleza.

Nadie va a conocer a la persona imborrable como su sometido. Pero ella seguirá siendo una desconocida. Nadie va a construir-

# Prayer for August 21

Evening prayer for the indelible one. Words of passementerie for your magnetism, for your hypnotism, for when your sword is submerged in water, ceremonious and sensual, geometry of vertigo. Undisguisable voice. Quick debilitated voice. Your voice inside me, I who am dead. I'm not dead because I still must say the evening prayer for you, Person of the Abyss.

Sluice of my sobbing. Bleeding flower in my face. Addicted liquid. Sword of the night. Naked water enveloped in the inexhaustible flames. Diamond blurred against the century. Ring of alcohol under the skin of her subject. Trace of salt in the sweetness of my step. Gram of gold in my killing hand. Red signal. Blue smoke at my feet. Star of rocks. Pure, cruel glass.

Evening prayer for the exhausted one. Early morning prayer for the carnivorous beast. Afternoon prayer for the corners of the world where you appear and disappear, indelible one. Prayer of silence for the uproar and prayer of the four spaces for the three times. Prayer of the ending and of the resurrection. Prayer of gratitude and of debilitation.

I breathe without sanctity but am subject to your clear plan. I wander aimlessly but you are my compass and my destination. I speak without sense but you are my burning wisdom. I work without profit but you are my wealth and my temple. I dream without joy but you are the spring of my images. I love without valor but you are my path to the supernatural.

No one will come to know the indelible one as does her subject. But she will remain a stranger. No one will build her an altar like the one her subject will construct out of all his nightmares. But

le un altar como el que el sometido fabricará con todas las pesadillas. Pero ella seguirá siendo un rayo en el aire pagano. Nadie va a olvidarla como este sometido. Pero ella seguirá siendo un vaso de hierro para que la Memoria sobreviva.

Nada es verdad, sólo ella. Ella es la gran mentira. Ella es saliva y es pelo; ella es agua y es fuego. Ella es una espada en la sombra. Nada es verdad, sólo esta oración. Esta oración es polvo y es ceniza. Nada existe fuera de la oración de la noche para la persona imborrable. Nada existe fuera del hechizo de la persona imborrable. Nada se ha de olvidar. Nada terminará con la oración que concluye.

she will remain a bolt of lightning in the pagan air. No one will forget her like this subject of hers. But she will remain an iron vessel to keep Memory alive.

Nothing is true, she alone is. She is the big lie. She is saliva and she is hair; she is water and she is fire. She is a sword in the shade. Nothing is true, only this prayer. This prayer is dust and is ash. Nothing exists outside the evening prayer for the indelible one. Nothing exists outside the spell of the indelible one. Nothing must be forgotten. Nothing will finish with the prayer that comes to an end.

# Antes de cerrar los ojos

Esa humedad situada en el color llamado *siena*
y la tela que semejaba la luz de las 3 de la tarde

o esa ondulación perdida en la taza de té
enlazada con los párpados de la muchacha en Fiésole,

una muchacha tan blanca que Florencia, allá abajo,
era una forma de la ceguera

y el *campanile* una *l* en la desesperación Braille
del hombre deslumbrado por esa palidez—

esa palidez y esa otra forma del espíritu
que son las arenas negras de Chile,

todo lo visto, las miradas, todas, puestas en una lágrima,
la Clave de Sol y el símbolo de *párrafo,* la tinta

de Miguel y los lápices de Vicente, los mapas, la mano de
        Álvaro
que me recogió del Infierno y me levantó hasta otros ojos,

lo que vemos, veo, viste, aquí, en el vértice
de la vigilia, sin saber si cerrar los ojos

será morir, será no ver o muy sencillamente
será sintetizar los días para un día mayor, un día diferente.

# Before Closing One's Eyes

That moisture found in the color called *sienna*
and the fabric that resembles the light at 3 in the afternoon

or that ripple lost in the cup of tea
laced with the eyelids of the girl in Fiesole,

a girl as white as Florence down below
was a form of blindness

and the *campanile* an *l* in the Braille desperation
of the man dazzled by that paleness—

that paleness and that other form the spirit takes,
the black sands of Chile,

all that is seen, the gazes, all of them, placed in a teardrop,
the Code of the Sun and the sign for *paragraph,* Miguel's

ink and Vicente's pencils, the maps, Álavaro's hand
that snatched me from Hell and lifted me up to other eyes,

what we see, I see, you saw, here in the vigil's
vertex, not knowing whether closing one's eyes

will mean death, will mean not seeing, or quite simply
will mean synthesizing the days to make a larger day, a
        different day.

# Antes de tocar la carne de un cuerpo humano

...lo que hay es un paisaje, una pasión de rocas,

un agobio sublime, una electricidad oscura,
un copo de llamas púrpuras, pero sobre todo

lo que hay son estos miembros duros y blandos,

como arena en las orillas ocres de la transparencia

y entonces se derrama el jugo visible de las extremidades

y la sombra del cabello, ahora, mientras
el turbulento licor del contacto fermenta—

lo que te hace pensar y entonces el pensamiento
es como una fogata longitudinal, un brazalete tibio,

una magia, la posibilidad del olvido,

luego el pensamiento desaparece y el vello cubre
la escena, hay mucosas, baba que huele a menta,

alfileres o cartílagos que rodean la mano
pero la mano debe rodear, en el ritmo

del Tocar debe la mano acercarse a estos ojos
y a estos humores —y entonces hundir o circundar,

hasta que la música ensordezca, el olor cese
junto al fuego, la boca recuerde la sopa trascendental,

los dedos se tejan en el mechón de la inmanencia,
la risa levante su cresta de chispas y de mimbre.

# Before Touching the Flesh of a Human Body

...there is a landscape, a passion of boulders,

a lofty exhaustion, a dark electricity,
a clump of purple flames, but above all

there are these hard and soft appendages

like sand on the ocher shores of transparency

and then the visible juice of the extremities overflows

and the shadow of the hair, now, while
the tumultuous liquor of contact ferments—

which makes you think and then the thought
is like an elongated bonfire, a tepid bracelet,

an act of magic, the possibility of forgetting,

and then the thought vanishes and downy hair covers
the scene, there are mucous membranes, drool that smells of
     mint,

pins or cartilage surrounding one's hand
but one's hand should surround, with the rhythm

of Touching the hand should draw close to these eyes
and these humors—and then sink or encircle

until the music is deafening, the smell vanishes
next to the fire, the mouth recalls the transcendental soup,

the fingers entwine in the tuft of immanence,
laughter raises its crest of wicker and sparks.

## Antes de que la manifestación callejera sea disuelta

El bosque de los compañeros fluye como un río

y es como si avanzara vigilante
hacia el Castillo del Conde West-West

o de Macbeth, Bosque de Birnam,
los compañeros son Macduff,

también son agrimensores, la electricidad

recorre la columna, bosque o río
de los compañeros y esa electricidad

será más tarde como un látigo
que alguien va tijereteando, pero no ahora—

pues ahora los compañeros avanzan llenos de lirismo
llenos de literatura, están en este poema

y luego vendrá la policía, cortará
esos árboles y detendrá ese río

y borrará este lirismo con la cruda prosa
de sus macanazos y este poema terminará

como ahora estoy terminado
con ese punto final que apenas puede verse

entre las nubes agrias del gas lacrimógeno.

# Before the Protest in the Street Is Dispersed

The forest of protesters flows like a river

as if it were cautiously advancing
toward the Castle of Count West-West

or Macbeth, Birnam Wood,
the protesters are Macduff,

they are surveyors as well, electricity

travels up and down the column, woods or river
of protesters and that electricity

will later resemble a whip
someone is snapping, but not at the moment—

for now the protesters are pressing forward, filled with
        lyricism
—filled with literature, they are marching in this poem,

and then the police will come, will cut down
those trees, will dam that river,

will erase this lyricism with the crude prose
of their clubs and this poem will end

as I am ending now
with that final period, barely visible

through the acrid clouds of the tear-gas grenades.

## Antes de decir cualquiera de las grandes palabras

Ya se sabe: primero tenemos que ponernos de acuerdo
en cuáles son, pero convengamos en que existen:

se escuchan con todo su peso y gravedad
por la Perspectiva Nievski, en el murmullo de Raskolnikov,

y Cortázar se burla de ellas a cada rato
y las aligera, las despeina, las reconcilia

con el resto del vocabulario, para que puedan rozarse
sin daño con las demás y *libertad* no lastime demasiado

con su tonelaje de mármol griego
y su tufillo existencialista y su indudable grandeza trágica

a *tenedor,* a *janitor,* a *bibelot* —aunque esta última
es sospechosa de grandeza por culpa de Mallarmé,

también están las cortas y decisivas, *sí, no, ahora, nunca,*
la turbia *amor,* la limpia *muerte,* la zarandeada *poesía,*

otras que son como el arte por el arte, *sándalo,*
por ejemplo, y algunas como *desoxirribonucleico,* telescópica

y de indudable elegancia científica, de una manera vaga
e intensa y laberíntica, al mismo tiempo, conectada

con esa otra, *vida,* y están las combinaciones, claro,

*tu boca, esta carta,* docenas de objetos verbales
que sólo tienen importancia por razones inexplicables,

# Before Saying Any of the Great Words

We already know: first we must agree
on which they are; but let us acknowledge that they exist:

they resound in all their weight and gravity
down Nevsky Prospekt, in the muttering of Raskolnikov,

and Cortázar mocks them at every opportunity,
lightens them up, musses their hair, reconciles them

with the rest of the vocabulary so that they may rub benignly
against one another and *liberty* won't do too much harm

with its tonnage of Greek marble
and its whiff of existentialism and its undeniable tragic greatness

to *janitor, tenedor, bibelot*—although the greatness of this last one
is suspect, for which we have Mallarmé to blame,

there are also the short and decisive words: *yes, no, now, never,*
turbid *love,* clean *death,* rattled *poetry,*

other words that are like art for art's sake: *sandalwood,*
for instance, and words like *deoxyribonucleic,* telescopic

and possessing an undeniably scientific elegance, a diffuse,
intense, and labyrinthine character, all at once, linked

to that other word, *life,* and of course there are the combinations,

*your mouth, this letter,* dozens of verbal objects
that are only important for inexplicable reasons,

pronunciadas en la noche o el día, dichas

o guardadas en el silencio, en la red aterciopelada
de la memoria, en la fortaleza transparente y enérgica

del olvido, ese cuerpo o tejido del que también
están hechas las grandes palabras, el tiempo, tantas cosas.

spoken at night or during the day, said

or held in silence, in the velvety net
of memory, in the transparent and energetic fortress

of forgetting, that body or fabric from which
are also made the great words, time, so many things.

## Antes de concluir la espera

Vuelvo a asombrarme
de la viscosidad del tiempo

y del modo en que el cuerpo
se adapta a esta madriguera móvil,

*slimy thoroughfares,* como dice la canción,
piscinas de mercurio,

una manera de recorrer un camino sin forma
y sin fin —pero del futuro

llega la señal, como en el poema de Cuesta,
y alargamos la mano, el cumplimiento

se demora, se dilata, se hincha
hasta lo inalcanzable, sentimos

la redondez cabal, fatal,
de lo que concluye y empieza a supurar

y luego la cicatriz se emblanquece,

pero todavía no, hay que seguir en esta blancura
de plenitud y ausencia: la espera,

el clima histérico y calmo de Antesala,

los relojes vacantes, la comezón.

# Before Deciding to Stop Waiting

I am amazed once again
at the viscosity of time

and how the body
adjusts to this movable refuge,

*slimy thoroughfares*, as the song goes,
swimming pools of mercury,

a way of traveling down a road with no form
or end—but the sign appears

from the future, as in Cuesta's poem,
and we stretch out our hands, fulfillment

is delayed, is dilated, swells
into inaccessibility, we sense

the precise mortal roundness
of what stops and begins to fester

and then the scar whitens

but not yet, we must remain here in this whiteness
of plenitude and absence: the waiting,

the Antechamber's atmosphere of peace and hysteria,

the vacant clocks, the itching.

## Antes de tirar la basura

Frente al papel de estaño y un torbellino orgánico—
frente a la lechuga que amarillea o pardea

y las infames colillas de la Noche Que Pasó, antes
de tirar la basura conviene

mirar el mundo con una paz de atardeceres
y una dulzura de *adagios,* rodeándose una o uno,

de ser posible, con los perfumes de la serenidad
y los acentos de un noble impulso evangélico, entender

con franciscanismo que la materia así depositada
(pues debe ser depositada, no arrojada) es,

sí, mal que nos pese, nuestra también, y que el hecho
de desecharla o sacarla de la Casa

no significa nada, nada, nada—
pues seguirá en el mismo planeta donde padecemos

con esta materia nuestra, el cuerpo, las lágrimas,
las manos extendidas y abiertas

que alguna vez serán basura y no deberán ser arrojados
sino depositados otra vez en el mundo

para las celebraciones, las mutaciones, la maravilla
de ser, aun en el fondo de los basurales.

# Before Throwing Out the Garbage

Faced with aluminum foil and an organic vortex—
faced with lettuce turning yellow or brown

and the infamous cigarette butts from the Night Before, before
throwing out the garbage, it is worth

looking at the world with the tranquillity of evenings
and the softness of *adagios,* surrounding him- or herself,

if at all possible, with the perfumes of serenity
and the accents of a noble, evangelical impulse, understanding

with Franciscanism that the substance placed thus
(for it should be placed not tossed) is,

indeed, no matter how much we resent it, ours as well, and
        that
throwing it away or removing it from the House

signifies nothing, nothing, nothing at all—
for it will remain on the same planet where we suffer

with the stuff we are made of, our body, our tears,
our hands, outstretched and empty,

that one day will be garbage and should not be tossed
but placed back in the world

for celebrations, mutations, the wonder
of being, even at the bottom of garbage dumps.

# Arpegios

Atrás quedaron
las señales de la devastación,

filamentos de Mahler,

un temblor desolado
de níveas almas.

Todo reunido, convergente,
en la insepulta cavidad
de los aires azules.

Listones de niebla mágica,
guantes de bruma,
naipes de humo herido,
restos de taumaturgia.

Pedazos de ropa
y residuos de pan

quedaron atrás
como arpegios lamentables.

# Arpeggios

Left behind
were the signs of devastation,

filaments of Mahler,

a wretched shuddering
of snowy souls.

Everything reunited, convergent,
in the unburied hollow
of the cobalt airs.

Ribbons of magical mist,
gloves of fog,
playing cards of wounded smoke,
thaumaturgical debris.

Shreds of clothing
and residues of bread

were left behind
like miserable arpeggios.

# Centímetro

Cada centímetro cunde
hacia la condenación
y la fatiga.

Chispas eclipsan
la cara del arúspice.

La nada ávida
raspa las calles.

Yo te digo así:
es otra vez la noche,
son sus errores
y la parálisis que,

de centímetro en siglo,
revela el ciego río

de los castigos,
de la culpa tenaz,
de la soledad.

La noche, sí,
sus cabelleras
arrojadas, *es
lo que es,*

cada centímetro
que cunde.

# Centimeter

Every centimeter swells
toward condemnation
and fatigue.

Sparks eclipse
the face of the haruspex.

Eager nothingness
scrapes the streets.

I say to you:
it is night again,
its mistakes
and paralysis are what,

centimeter by century,
reveal the stone-blind river

of castigation,
of steadfast blame,
of loneliness.

The night, yes,
its tresses
tousled, *is*
*what it is,*

every swelling
centimeter.

## Falta

Qué camino en la boca del buey,
qué raya de almadía
                    en el mar de su boca,
qué vena de Desdémona y vaso
de ticianesco negror
                    harían falta para
detenerla, conseguir que regrese y dé
sus manos a la luz
y abra los libros, ahogue la pasión
en el agua de fulguraciones
que crean sus palabras...

# Required

What path in the mouth of the ox,
what raft's wake
                          on the ocean of its mouth,
what vein of Desdemona and glass
of Titianesque black
                          would be required to
stop her, get her to come back and give
her hands to the light
and open the books, drown passion
in the gleaming water
that forms her words...

# Fruta

La fruta desciende
cual un capítulo de rayo:

Purificada luz,
fértil en su volumen
de vena
         y jugo,
de cáscara y fulgores.

La fruta llena
la sombra de quemadura
de tu mano.

Sombra de atravesada
y curva delicia.

He aquí la fruta,
entonces, sus gramos
desvestidos,
en el Sol de una mano.

# Fruit

The fruit descends
like a chapter of lightning:

Purified light,
fertile in its volume
of vein
        and juice,
of peel and gleaming.

The fruit fills
the shadow burn
of your hand.

Shadow of transfixed
and curved delight.

Here, then, is the fruit,
its grams
stripped bare,
in the Sun of a hand.

## Olvidar

Aquí están los nervios
que envuelven, como un papel fragante,
las melodías obtusas
del rencor.
       Y aquí la risa
como un pájaro ebrio...

Escuchar. Olvidar. Dos neblinas.
La espuma del sufrimiento
cala en el encaje náufrago
de mi silbido matinal.

Aquí están los sonidos
olvidadizos, las crepitaciones
que amarillean.
       Una vez más,
todo será escuchar
u olvidar.

Olvidaré estos doblados
enigmas, estos relojes
rectilíneos de esperas, este cuerpo
ajeno
     en la llama de sándalo.

# Forgetting

Here are the nerves
that envelop like scented paper
the obtuse melodies
of rancor.
        And here is laughter
like a drunken bird...

Listening. Forgetting. Two patches of fog.
The froth of suffering
penetrates the shipwrecked lace
of my morning whistle.

Here are the forgetful
sounds, the crackling
that turns yellow.
           Once again,
all will be listening
or forgetting.

I will forget these folded
enigmas, these rectilinear
clocks of anticipation, this other
body
    in the sandalwood flame.

# Baraja

Los ángeles de la cal
se destejen
con una vibración
de azar y desayuno.

Los demonios cubrían
arenas y descubren
el genio
de los estallidos.

Demonios, ángeles
van tomando
lo que les corresponde
en la baraja
del trasmundo:

De la fatiga el astro,
de la rosa los ríos,
de la mano el sendero
...y de las blancas redes
la negrura del homicidio.

# Deck

The angels of lime
unravel
with a vibration
of chance and breakfast.

The demons were concealing
grains of sand, discover
the spirit
of explosions.

Demons, angels
pick up
what corresponds to each
in the deck
of the afterworld:

From fatigue comes the star,
from the rose the rivers,
from the hand the path
...and from the white nets
the blackness of homicide.

# Tenso

Nadie. Ni nombres.

Un tenso aroma
de cobre, sí. También
filos de harapos.

Allá, hilachas
de éxtasis
y desesperación.

# Strained

No one. Not even names.

A strained smell
of copper, though. Blades
of rags as well.

There, tatters
of ecstasy
and desperation.

# Encima

Sal y fuego
y gotas de miel
bajo la sombra
de las separaciones.

Hundidas llaves
que se acumulan
en los ácidos
del insomnio.

Cuántas velocidades puras,
cuántas determinadas manecillas,
cuántas engalanadas tristezas
hay encima del Verbo.

Y la zanja de la curiosidad,
llena de baratijas...

# Upon

Salt and fire
and beads of honey
under the shadow
of separations.

Sunken keys
accumulating
in the acids
of insomnia.

All the pure speeds,
all the specified hands of the clock,
all the ornamented sorrows
heaped upon the Word.

And the trench of curiosity,
full of bric-a-brac...

# Fragor

Los blancos óvalos de la llamarada,
las proclamaciones de la nieve,
los puentes visibles sobre un milímetro de río,
las caras quebradizas de la piedra fija,

todo lo que se sujeta y se suelta,
lo que se deslíe y se condensa,

entra —doblándose como ropa de príncipe—
en el fragor estable de las metamorfosis.

Rojizos rayos difunden estas cosas
y las esparcen por las comisuras
de una pesadilla.

# Uproar

The white ovals of the blaze,
the proclamations of snow,
the visible bridge on a millimeter of river,
the crumbling faces of the steady rock,

all that is clutched and released,
that which comes undone and condenses

enters—folding like the garb of a prince—
the steady uproar of metamorphoses.

Reddish bolts circulate these things
and scatter them in the far corners
of a nightmare.

# Cintas

Aquí: pureza y brujería,
desahucios del halcón
en la ternura de la paloma,
agua del vaso del delirio.

Nada, mercurio, Nada, palos.

Ni una vestidura. Ventanas azules.
Ni crudos trapos
en medio del desarreglo.

Cintas en que llegamos, por las que
descendemos,
luidas cintas de sangre y limo, cintas
de reflejos y pasamanería.

Descendemos aquí,
                    tal cual este milímetro:
sudorosos, ducales, invertidos.

# Ribbons

Here: purity and witchcraft,
evictions of the falcon
in the tenderness of the dove,
water from the glass of delirium.

Nothing, mercury, Nothing, sticks.

Not even a garment. Blue windows.
Not even cruddy rags
amid the disarray.

Ribbons on which we arrived, down which
we descend,
frayed ribbons of blood and lime, ribbons
of reflections and passementerie.

This is where we descend,
                              just like this millimeter:
sweaty, regal, reversed.

## Abres y cierras

Abres un filo de navaja
para que gotee la transparencia.

Cierras el sonámbulo cubo de la noche
y un río de sombra se derrama.

Abres y cierras el diafragma líquido
de mi corazón —y amanezco

en el decuplicado y lento
destello de tus manos.

# Open and Close

You open the razor blade
to let the transparency trickle out.

You close the somnambulant pail of night
and a river of shadows overflows.

You open and close the liquid diaphragm
of my heart—and I awake

in the lingering, tenfold
glint of your hands.

## Pequeños fracasos

La negrura en el rincón más luminoso del tapiz,
la falla en la prosodia renacentista,

el descuido en el experimento del Cavendish,
la floral estría en la mineral fijeza de la roca marina,
la mancha tizianesca en el picassiano desfiguro,

el desliz inarmónico en un retazo de Mozart,

los eclipses de la ciudadanía en el sol de la política,
la torpeza del seductor durante el brindis a medianoche,

los gramos de más en la cintura de la clavadista,
la sintaxis miope en el pareado melodioso,

la grandeza de un titubeo cuando se declara,
con una voz temblorosa y fogosa, la independencia
de un país, de un individuo, de una causa.

# Minor Failures

The grime on the most luminous section of the tapestry,
the flaw in the Renaissance prosody,

the oversight in the experiment at Cavendish,
the flowering striation in the mineral fixity of the underwater
      stone,
the Titianesque spot in the Picassian disfigurement,

the discordant lapse in a scrap of Mozart,

the citizenry's eclipses in the sun of politics,
the clumsiness of the seducer come the midnight toast,

the few extra grams on the diver's waist,
the myopic syntax in the melodious couplet,

the magnificent stammer of a voice, tremulous and fiery,
as it declares the independence
of a country, an individual, a cause.

# Cocina del Paraíso

Había utensilios infernales en la cocina del Paraíso,
ollas dobladas de color violáceo,
hinchados tenedores en cuyos pliegues
se ensartaban saliva de arcángeles y voces deshilachadas
que provenían de la camisa izquierda de Dios.

Una sopa fue preparándose y apareció el Amor,
un caldo peregrino adornado con inflamadas escrituras
y reflejos de playa en vacaciones. El aceite se hizo fuego,
entró en los cuerpos y luego se encajó, activo, iridiscente,
en los ojos de los bienaventurados.

El aquelarre barroco se detuvo: longitudinales olores
invadieron la cocina paradisiaca,
limpios condimentos para el edificio febril
de la primavera y sus ondulaciones, abriles
de dientes florales, mandíbulas llenas de libélulas,
todo el ropaje de Eros para la Ensalada
y sus rizos, el esplendor de los acuchillados abrazos
y el mar de las manos, todo azul y multiplicándose.

## Kitchen of Paradise

Infernal utensils filled the kitchen of Paradise,
plum-colored kettles buckled by the heat,
swollen forks on whose tines
were strung the saliva of archangels and threadbare voices
issuing from the left shirt of God.

A soup was being prepared and Love appeared,
a wandering broth adorned with inflamed scriptures
and reflections of a day at the beach. The oil turned to fire,
poured into the bodies, then thrust itself, lively and iridescent,
into the eyes of the blessed.

The baroque congress of witches came to a halt: longitudinal
        aromas
invaded the paradisiacal kitchen,
clean seasonings for the feverish edifice
of spring and its undulations, Aprils
with flowery teeth, mandibles flowing with dragonflies,
all the vestments of Eros for the Salad
and its ringlets, the splendor of slashed embraces
and the sea of the hands, deep blue and multiplying.

# Luz de los mundos paralelos

Una luz que parecía unir mundos paralelos
entró en la habitación:
fundió en una figura monstruosa
una línea de Tetris y el rincón más pajizo
del Jardín de las Delicias, famoso cuadro del Bosco.

Me llenó la cabeza de telefonemas patéticos,
de minúsculas conferencias sobre intertextualidad,
de susurros de Jessye Norman lacerados
por el informe meteorológico.

Esa luz me hizo ver dentro de mis ojos
la génesis del "fuego de la mirada",
distintas geometrías y juguetes patafísicos:
abrió en el gatillo del impuntual minuto
una colección Des Esseintes, un parque Canterel,
astronomías que salieron del guante de Jorge Spero.

Filigranas *art nouveau* se enlazaron con hierros
y volutas de cortocircuito. La habitación
se cerró sobre sí misma y la luz desapareció
—pero lo que llegó no fue la oscuridad sino "el color
que cayó del cielo". Sigilosamente me llevé las manos
a la cara, con las palmas abiertas,
me dije tres veces —tres, tres veces—
que debía tranquilizarme.

Mi cuerpo destiló hacia la Venecia
de sus canales interiores
una magia de benzodiazepinas.
Y me dormí, tratando de buscar en el sueño
la clave de los mundos paralelos
y de la luz que los unía.

# Light from Parallel Worlds

A light that seemed to join parallel worlds
entered the room:
it fused into one monstrous figure
a row of Tetris and the palest yellow corner
of *The Garden of Earthly Delights,* Bosch's famous painting.

It filled my head with pathetic telephonemes,
with minuscule lectures on intertextuality,
with Jessye Norman's whisper mangled
by the weather report.

That light made me see within my eyes
the genesis of the "flame of the gaze,"
particular geometries and pataphysical toys:
opened in the trigger of the untimely minute
a Des Esseintes collection, a Canterel's park,
astronomies that sprang from Jorge Spero's glove.

Art nouveau filigrees interlocked
with the short circuit's spirals and iron. The room
closed in on itself and the light disappeared
—but what came was not darkness but rather, "the colour
that fell from space." Discreetly, I brought my hands
to my face, palms empty,
told myself three times—three, three times—
that I should calm down.

My body seeped toward the Venice
of its inner canals,
a magic of benzodiazepine.
And I slept, hoping to find in dreams
the key to the parallel worlds
and the light that joined them.

# Busco

Busco en los lugares visibles
la mano de la sobrenaturaleza

y encuentro polvo de ráfagas,
sellos de aliento paradisiaco,

un goteo metafísico
en los cubos budistas de la inmanencia.

Busco en tus ojos
mi propia imagen

y encuentro tu imagen verdadera,
murmullos de tu nombre.

# I Search

I search in the visible places
for the hand of the supernatural

and discover the dust of squalls,
traces of paradisiacal breath,

a metaphysical leak
in the Buddhist buckets of immanence.

I search your eyes
for my own image

and discover your true image,
murmurings of your name.

# Cuarteto

Del fondo de unos costales bizantinos
emerge una mirilla en forma de humo
que gesticula, pantocrátor, y nos condena
irremediablemente.

Del fondo de una catadura de búnker
surgen órdenes y tajantes avisos para los prisioneros.

Del fondo magmático de los lenguajes aprendidos
se levantan palabras extrañas, discursos políticos
y teorías, mapas, disposiciones militares.

Del fondo tanático de la usura se deslizan
hasta la superficie desconcertada
urgentes solicitudes de pagos inmediatos
y veladas amenazas de embargo.

# Quartet

From the bottom of some Byzantine sacks
a peephole made of smoke emerges,
gesticulating, pantocrator, condemning us
without recourse.

From the bottom of the semblance of a bunker
spout orders and categorical warnings for the prisoners.

From the magma-filled bottom of acquired languages
strange words rise, political speeches
and theories, maps, military decrees.

From the thanatic bottom of usura
urgent requests for immediate payment
and veiled threats of seizure
slip toward the bewildered surface.

# Una celda barroca

*para Juan José Arreola*

Habría cerrojos y círculos violetas,
rasguños dorados de borní, peñas enormes.

Habría luidas conjeturas entre los densos
tomos filosóficos, bajo los mamotretos
de teologal espesor —y una calavera jerónima
presidiéndolo todo.

Habría lienzos de sombras mitológicas
y una Biblia circundada
por una desganada devoción.

Habría—no sé— un dejo de fiebre
en todo el ámbito.

Habría, en fin, un manojo de cebollas
enviado puntualmente
para mitigar el hambre heroica
de Luis de Góngora y Argote.

# A Baroque Cell

*for Juan José Arreola*

There would be bolts and violet circumferences,
the marsh harrier's gilded slashes, massive crags.

There would be threadbare conjectures among the dense
philosophical tomes, under the massive volumes
of theological thickness—and a Hieronymite skull
presiding over it all.

There would be canvases of mythological shadows
and a Bible surrounded
by halfhearted devotion.

There would be—perhaps—a hint of fever
throughout.

There would be, in short, a bunch of onions
sent punctually
to appease the heroic hunger
of Luis de Góngora y Argote.

# Lo que veo

Veo los espejos del Espíritu
enganchados
en el oscuro labio de la virtud.

Veo racimos de impactos
depositados entre el follaje
de la serenidad hipnotizada.

Veo la escritura de murmullos,
la caligrafía de las cosas,
el hondo rasgo
de un *ampersand* entre dos nombres.

Veo larvas, pipas
y tenedores junto
a enciclopedias turbias.

Veo la mugre y la belleza esbelta
de una botella labrada
y el laberinto de una alfombra.

Veo rutas abandonadas
y caminos iluminados por la codicia.

Veo los reflejos y las curvaturas,
el irregular cuerpo de letras
de un poema, los pozos instantáneos
de un espasmo, las aguas envolventes.

Veo tus brazos en la delgada luz
del mundo atardecido
y el consuelo de tus labios
sobre el azul despliegue de los fenómenos.

# What I See

I see the mirrors of the Spirit
snagged
on the dark lip of virtue.

I see clusters of impacts
secreted amid the vegetation
of hypnotized serenity.

I see murmuring's text,
the calligraphy of things,
the deep stroke
of an *ampersand* between two words.

I see larvae, pipes,
and forks next to
murky encyclopedias.

I see grime and the slender beauty
of a hand-blown bottle
and the labyrinth of a carpet.

I see deserted roads
and pathways lit by greed.

I see reflections and curves,
the poem's uneven body
of letters, the sudden pools
of a spasm, the enfolding waters.

I see your arms in the tenuous light
of the world at dusk
and the comfort of your lips
against the blue display of phenomena.

## Aural

Escarcha sucia del *audio*
en la penumbra nómada
del automóvil;
ciénaga de sonidos
en donde la aguja del oído
apenas puede moverse.
De pronto, una *torch singer*
desmenuza a Wittgenstein
con tenedores de Cante...
¿Cómo lo hace? ¿Cómo
desenlaza, destraba los lenguajes,
hace fluir el mundo —y por añadidura
suma la gracia
y la tragedia?
El automóvil
entra en la noche
ungido por la música.

# Concerning Sound

The radio's gritty frost
in the nomadic half-light
of the automobile;
a swamp of sounds
where the needle of the ear
can barely move.
Suddenly, a torch singer
shreds Wittgenstein to bits
with forks of Cante Jondo...
How does she do it? How does she
disentangle, disengage the languages,
make the world flow—and to top it off,
join grace
and tragedy?
The automobile
enters the night
anointed by the music.

## Eso y lo otro

Eso que faltaba, el pétalo
de metafísica en el fenómeno
sin explicar, la gota azul
en la llama demasiado roja,
la pincelada emersoniana
en el exceso de Nietzsche—

eso que nos hacía mirar el techo,
nostalgia de espacios interestelares,
extrañamiento del *hic et nunc*
por el pecaminoso deseo
de una patibularia Trascendencia—

eso y lo otro, el rudo fulgor
de la muerte, la anemia desesperante,
el irritado miedo de las heridas físicas,

eso, lo otro, nos rodea, nos nutre,
estamos hechos de carencia,
nos faltamos a nosotros mismos.

# That and the Other

That which was missing, the petal
of metaphysics in the unexplained
phenomenon, the blue drop
in the overly red flame,
the Emersonian brushstroke
in the excess of Nietzsche—

that which made us look at the ceiling,
nostalgia for interstellar spaces,
estrangement from the *hic et nunc*
by the iniquitous longing
for a harrowing Transcendence—

that and the other, the crude glow
of death, the exasperating anemia,
the aggravated fear of physical wounds,

that, the other, surround us, nourish us;
we are made of lack,
we are missing ourselves.

## Poema de Gottfried Benn

Tenía que irme pero un poema de Gottfried Benn
me detuvo en el arranque de ese impulso
no saben ustedes qué poema terrible

Una flor se deshacía en medio de una autopsia
y el doctor que había abierto el cadáver
veía cómo los pétalos se atoraban en las vísceras

También los guantes del médico se llenaban
de pétalos y de sanguaza era todo impresionante
pero sólo era un poema y yo tenía que irme

No sé si me fui pero las imágenes de ese poema
de Gottfried Benn —por lo demás una figura
no muy simpática— no se fueron se quedaron aquí

Cómo se quedaron aquí esas imágenes las huellas
de esas figuras desgarradas es algo que deberé
investigar no será fácil lo sé pero debo hacerlo

# Poem by Gottfried Benn

I had to go but a poem by Gottfried Benn
stopped me in my tracks as I started to leave
you can't imagine readers what an awful poem it was

A flower fell apart in the middle of an autopsy
and the doctor who had opened the cadaver
watched as petals clogged the viscera

The doctor's gloves also filled with petals
and tainted blood it was really something
but it was just a poem and I had to go

I don't know if I left but the images from that poem
by Gottfried Benn—moreover not an especially
sympathetic character—did not leave stayed

Oh how those images stayed the traces
of those mangled figures is something I must
look into I know it won't be easy but I have to do it

# Fábula de Narciso

Tenía que asomarme a doscientos espejos
pero un agua embedida en imágenes de Narciso
me detuvo con una sensualidad egocéntrica

Pensar en uno mismo demasiado es un pecado
no hay que hacerlo de ninguna manera está mal
imagínense contemplar de ese modo la propia imagen

El pecado de Narciso se volvió un complejo
para los psicólogos y psicoanalistas
que nunca leyeron a Ovidio la historia es diferente

Los espejos a los que tenía que asomarme
estaban secos y olían a sal por eso el agua narcisista
fue un alivio una relampagueante frescura

Espero que entiendan ustedes que no podía yo irme
el agua era demasiado generosa conmigo
me perdonaba esos detalles de autocontemplación

El agua virginal que me cubrió en ese momento
en lugar de los espejos el agua especular
en la que he estado viéndome desde entonces

# Fable of Narcissus

I had to peek into the two hundred mirrors
but a water saturated with images of Narcissus
stopped me with an egocentric sensuality

Thinking too much about yourself is a sin
you mustn't ever do it it's a bad thing
imagine contemplating your own image like that

Narcissus's sin turned into a complex
for the psychologists and psychoanalysts
who never read Ovid he tells a different story

The mirrors I had to peek into
were dry and smelled of salt that's why the narcissistic water
was a relief a scintillating freshness

I hope you all understand that I couldn't leave
the water was much too generous with me
it forgave the antics of self-contemplation

The virginal waters that covered me then and there
in place of the mirrors the contemplative water
in which I have been looking at myself ever since

# Cantar del dinero

Tenía que pagar esto y aquello los impuestos
y las deudas y los servicios de televisión por cable
la ciudad era siempre demasiado grande

No tenía tiempo de pagarlo todo si fuera millonario
podría contratar un servicio de entrega con mensajero
pero tengo que ir personalmente a los bancos y oficinas

No alcancé las ventanillas abiertas y tuve que esperar
al día siguiente a los días siguientes que crecían
a un ritmo exponencial no sé qué quiere decir eso

El dinero el dinero esa cosa obsesionante y sucia
o sucia por obsesionante y sobre todo porque falta
o falta en absoluto o falta en las cantidades deseadas

Hay una relación extraña entre el dinero y el deseo
y la necesidad no seré yo quien investigue a fondo
estas cuestiones que deben venirle bien a los Profesores

Un escritor peruano solía decir que el dinero
no produce la felicidad pero en cambio produce
un estado tan parecido que es difícil ver la diferencia

Supongo que es una buena broma pero el dinero
es el "nervio de la guerra" la abstracción más sanguinaria
el arma más poderosa el argumento contundente

Yo escribo poemas entre otras razones para no tener
que cantarle al dinero pero ya ven ustedes
allá arriba dice Cantar del dinero algún día tenía que pasar

# Song of Money

I had to pay one thing and another taxes
and debts and the cable television bill
the city was always too large for me

I didn't have the time to pay it all if I were a millionaire
I would hire a delivery service with a courier
but I have to go in person to the banks and offices

I didn't make it to the teller on time and had to wait
until the following day the following days multiplying
exponentially I don't know what this could mean

Money money that dirty and obsessive thing or dirty
because it's obsessive and above all because it's lacking
or lacking altogether or lacking in the desired amounts

There is an odd relationship between money and desire
and need I won't be the one to examine this in depth
these questions that should interest the Professors no end

A Peruvian writer used to say that money
does not produce happiness but rather produces
a state so similar it's hard to tell the difference

I guess that's a pretty good joke but money
is the "nerve of war" the most bloodthirsty abstraction
the most powerful weapon the conclusive argument

I write poems so that among other reasons I don't have to
sing songs to money but as you all can see up there at the top
it says Song of Money it was bound to happen sooner or later

## Canción de la inquietud

Inquietud en el cielo de los ocres, inquietud en el sedoso
laberinto de las tripas, inquietud
en las plumillas dobles y triples del dibujante,
inquietud entre los maizales y los rosarios
manipulados con nerviosismo
por la señora nalgona y sus naguales,
inquietud en el agua
con su cara de transparencia y lodo
y en los órganos azules del viento, inquietud
ante la cercanía de los insectos y frente a las alas
del alcaraván ceniciento, inquietud en la jarra
y en la taza, inquietud entre los cuatro muros de la casa
y a la intemperie, inquietud hacia el sur
y hacia el norte de la Rosa levemente manchada,
inquietud en la tensión ecuatorial
que sostiene el vientre con un esfuerzo sublime
entre el oeste de la defecación y el este de la orina,
inquietud en los genitales barnizados de lo que no debiera,
inquietud rumbo a los torrentes mayores y los arroyos
        mínimos,
inquietud sobre la cabeza rapada de la calavera
y debajo de los pelos gritones del trazo sepia,
inquietud en la máscara centellante de los dioses
y en la cara redonda o escuálida de los traseros,
inquietud de los cuerpos y las almas a un lado del camino
y en la intimidad erizada de los baños.

# Song of Unease

Unease in the ocher-filled skies, unease in the silky
labyrinth of the gut, unease
in the artist's double, triple nibs,
unease among the cornfields and the rosaries
fingered nervously
by the fat-bottomed woman and her familiars,
unease in the water
with its face of transparency and mud
and in the blue organs of the wind, unease
in the nearness of insects and before the wings
of the ashen curlew, unease in the jug
and in the cup, unease within the four walls of the house
and in the open air, unease to the south
and to the north of the slightly stained compass,
unease in the strain of the equator
that cradles the womb with sublime force
between the west of defecation and the east of urine,
unease in the varnished genitals of what oughtn't,
unease by the major streams and minor gullies,
unease on the shaven skull of the skeleton
and under the strident hairs of the sepia sketch,
unease in the shimmering mask of the gods
and on the round or filthy face of the buttocks,
unease of the bodies and souls by the side of the road
and in the bristling intimacy of the bathrooms.

# Hacia el fin de semana

El jueves, compacto como una fruta, se desgarró
en fibras y alveolos de viernes
y el fin de semana se perfiló contra el horizonte
a la manera de una colección
de verduras deshilachadas.

El principio de la semana fue un cesto de manzanas:
el lunes enrojeció con una dureza dulce,
el martes fue verdeamarillo y levemente inmaduro,
el miércoles se dejó morder la delgada piel.

El fin de semana, en cambio, está arremolachado
y luce el domingo inminente
un sombrero lechuguino de veras deprimente
—efecto del Sunday Blues, pura tristeza inexplicable
sin una pizca de azul consolador.

# Toward the Weekend

Thursday, compressed like a fruit, split apart
into Friday's fibers and alveoli
and the weekend stood in profile against the horizon
in the form of a collection
of tattered vegetables.

The beginning of the week was a basket of apples:
Monday turned red with sweet solidity,
Tuesday was yellow-green and a bit unripe,
Wednesday offered its delicate skin to the teeth.

The weekend, on the other hand, is a jumble of arugula
and Sunday looms, sporting
a wilted fedora that is downright depressing
—consequence of the Sunday Blues, pure and inexplicable
        sadness
without a shred of azure for consolation.

# Cristales

Limpiamente,
el tajo del perfume
corta la tarde en dos: olor de toronjil
en el cuello blanco de la muchacha
y humo del cigarrillo de él,
los dos desnudos,
sábanas frescas, vasos de agua
—y el paso del tiempo entre los cuerpos.
No hay nada más. No hablan.
Tonos de azul oscuro bordean
el aciago cristal de la tarde. Otro cristal
los rodea: este silencio.

# Panes of Glass

The slash
of perfume cleanly
cuts the afternoon in half: scent of lemon balm
on the girl's white neck
and scent of smoke from the boy's cigarette,
both of them naked,
freshly washed sheets, glasses of water
—time passing between their bodies.
That's all there is. They don't say a word.
Shades of dark blue
skirt the ominous pane of the afternoon. Another pane
surrounds them: this silence.

## Novela dantesca

Se extiende toda nube por interiores azules
y la blancura desciende hasta la raya horizontal
donde los sueños desfallecen.

Blanco, azul. Alientos dantescos detrás
de rojos incendiarios. Infiernos
y meteoritas en el envés de los Libros.

Cuánta aparecida sarta de fenómenos
para la saliva nada elocuente
del sábado en la tarde, pasto de la tristeza.

¿Tristeza? Risa de abismos, mejor.
Azul, blancura y enrojecida fila
de enunciados ennegrecidos.

Cierro la Comedia y salgo, fulgurando
como un recién bautizado, chorreando tinta,
a los arnos y florencias más grises de la calle.

# Dantean Novel

Each and every cloud spreads through blue interiors
and whiteness sinks to the horizontal line
where dreams falter.

White, blue. Dantesque breathing behind
incendiary reds. Infernos
and meteorites on the back sides of Books.

All these ghostly strings of phenomena
for the none-too-eloquent saliva
of Saturday afternoon, where sadness grazes.

Sadness? More like the laughter of chasms.
Blue, whiteness, and the reddened row
of blackened sentences.

I close the Comedy and head out, shining
like a newly baptized boy, dripping ink,
heading for the grayest arnos and florences of the street.

# Hacia la superficie

*para Eduardo Clavé*

La superficie es oscura. De cada sombra que la rodea y la ciñe con una presión de dalias negras contra cristales verdes, salen los paladares que prueban la luz del mundo. De cada boca en penumbra que se aplica sobre ella con una pasión de labios enardecidos, surgen las lenguas multiplicadas que pronuncian la realidad y saborean los condimentos que toman la forma de los accidentes y los hechos, de los datos y las enciclopedias frías.

La superficie es tensa, oscura, mucho más oscura y complicada que la profundidad de los pozos o que la sedicente hondura de la filosofía. La superficie es fría, azul, distante en su armadura ártica —e indiferente, a pesar de que la tengamos, en ocasiones, cerca de la caliente punta de la nariz.

El calor de la superficie suele ser un reino perdido: verano deslizado y luego desaparecido, tenues ondulaciones que pueden verse sobre las capotas de los coches. Luego viene la noche y le devuelve el frío a la superficie: las carrocerías son de nuevo ellas mismas, sometidas a los dictados de la superficie que se calentaba, se entibiaba, desnaturalizada.

La superficie es fría y oscura como hielo bajo la noche polar. Pero su frialdad no es la de los lagos congelados sino la de las pieles inertes en la morgue o la de los espejos manchados con los que confundimos el cosmos en un cuarto de baño, a media luz, en medio del agobio del sufrimiento físico y de variados quebrantos espirituales.

La superficie carece de historia y cuando se llena de palabras, éstas no dicen nada, son mudos pedazos que se confunden con muescas o con manchas. La superficie borra pliegues y máculas, aplana rugosidades, doma el hirsuto salvajismo de las

# Toward the Surface

*for Eduardo Clavé*

The surface is dark. From every shadow that encircles and surrounds it with the pressure of black dahlias against green windowpanes, palates emerge to taste the light of the world. Issuing from every umbral mouth that presses against the surface with the passion of inflamed lips, a multitude of tongues pronounces reality and savors the seasonings that take the form of accidents and facts, of data and chilly encyclopedias.

The surface is taut and dark, far darker and more complicated than the depths of wells or the self-styled profundity of philosophy. The surface is cold, blue, removed in its arctic suit of armor—and indifferent, although at times we hold it close to the hot tip of our nose.

The heat of the surface is usually a lost kingdom: summer slid away and then gone, weak undulations rising over the hoods of cars. Then night comes and gives the cold back to the surface: car chassis are again themselves, subject to the dictates of the surface that was heating up and cooling down, denatured.

The surface is cold and dark like ice in the polar night. But its coldness is not that of frozen lakes, but that of the lifeless hides in the morgue or the stained mirrors we confuse with the cosmos in a bathroom in the dim light, in the exhaustion of physical suffering and of diverse spiritual afflictions.

The surface lacks history, and when words cover it they say nothing, are mute scraps mistaken for nicks or stains. The surface erases wrinkles and blemishes, smoothes out ridges, tames the shaggy savagery of the convolutions and toothed corners in

anfractuosidades y de los rincones dentados en las fauces inermes de los días que corren. La falta de historia de la  superficie la vuelve sensible a la experiencia de la muerte: su territorio puede ser el dolor, los gritos curvos de los desgarramientos sentimentales y su plétora imantada sobre los sistemas nerviosos.

La oscuridad de la superficie está en las tristes carnes de los animales y la gente y en los envoltorios de los regalos malignos que están regidos por el interés y la usura. La oscuridad superficial tiene sin embargo un lado nutricio, vastamente fecundo: una orilla matinal e indescifrable que se abre con una desconcertante generosidad, ante los ojos del amor. La superficie amorosa es una hoja de fuego concentrado cuya epidermis está siempre a punto de estallar en cubos tensos y chisporroteos de contacto.

La superficie está vuelta sobre sí misma y tiene orlas de pesadumbre con siluetas de gárgolas, de aves fénix, de mantícoras: una escamosa estructura de volutas y filigrana cruzada por tornasoles y círculos y óvalos solarizados. Pero ella misma, la superficie, es de apariencia oscura. Más oscura aun que los apretados rincones en que se cocinan los atardeceres del crimen y los ocasos incendiarios de la derrota sentimental: mentiras, adulterios, asesinatos, fraudes. Más oscura es la superficie que todo eso y sus preparativos de infamia y abatimiento.

Reflejos avanzan por las paredes en las noches y se filtran, como líquidos monstruosos, por las hendeduras de los cuerpos y de los volúmenes. Reflejos se deslizan por la superficie pero apenas la distraen con agua luminosa. Pues la superficie es oscura, enredada en su tinta espesa, en su sangre coagulada, en sus humores de torva alquimia. Ningún reflejo puede suponerse mediodía en la cara de ocaso de la impasible superficie.

Cada fragmento de mundo se rodea de reflejos y resuena sobre la oscuridad de la superficie. Cada sílaba de los reinos y cada punta de brisa en la magia de las apariciones deja su baga-

the undefended gullet of the days rushing by. The surface's lack of history makes it responsive to the experience of death: its territory could be pain, the curved cries of the rending of emotions and its abundance magnetized on nervous systems.

The darkness of the surface inhabits the sad flesh of animals and people and the bundles of malignant gifts ruled by interest and usury. Nevertheless, the darkness of the surface has a nutritious, enormously fertile quality: an indecipherable morning shore that reveals itself with disconcerting generosity to the gaze of life. The loving surface is a concentrated sheet of fire whose epidermis is always about to explode into taut cubes and popping sparks of contact.

The surface folds back on itself, fringed with affliction and bearing silhouettes of gargoyles, phoenixes, manticores—a scaly structure of scrolls and filigree intersected by sunflowers, circles, and solarized ovals. But the surface itself is dark in appearance. Darker even than the cramped corners in which are cooked the afternoons of the crime and the incendiary sunsets of the thwarted heart: lies, adulteries, murders, swindles. Darker than all that is the surface and its arrangements of disgrace and dejection.

Reflections climb the walls at night and seep like monstrous liquids through clefts in bodies and tomes. Reflections glide across the surface yet their luminous water barely distracts it. For the surface is dark, tangled in its thick ink, in its clotted blood, in the grim alchemy of its humors. No reflection can consider itself noon in the sunset face of the impassive surface.

Every shard of world is surrounded by reflections and resounds on the darkness of the surface. Every one of the kingdom's syllables and the tip of every breeze in the magic of appearances drops its baggage and surrenders its bounty of matter and soul onto the lips of the surface, eternity's unseasonal implement. Every splinter and every tiny ocean returns to the

je y abandona su botín de materia y alma en los labios de la superficie, utensilio intempestivo de la eternidad. Cada astilla y cada océano diminuto vuelve a la superficie del bosque y a la altura de las tormentas para ser agua y madera, leño y torrente: sobre la superficie del mundo se especializa y cunde cada materia, cada silueta de presencias. Cada momento relampaguea sobre la oscuridad de la superficie y llena el tiempo, desborda los instantes, cala en los rostros neutros de los reflejos.

La superficie levanta ideas como láminas de la escama purísima del monstruo primordial. La superficie pacta con las imágenes y las perfecciona con un toque de bidimensionalidad que la pintura, el dibujo, el cine y la fotografía agradecen. La superficie sumerge en sus bordes la alucinación de los veneros: sueño del origen, cálido engaño de las praderas matriciales, grandeza equívoca de los úteros y de las fuentes. La superficie niega el origen y se extiende más allá de las genealogías, pura energía de ser, en la plenitud ancha de su estar-ahí, máxima extensión.

La superficie afirma las diseminaciones: toda semilla fructifica en ella, muere en ella, se esparce y revive con una fruición de largas vigilias y de corporal derroche crepuscular.

La superficie arrebata de los espejos los corpúsculos amargos de la resurrección y hunde en los estanques una versión agridulce del trasmundo y de la bitácora de los fantasmas, novelerías de casas abandonadas y promesas de otra vida, nunca cumplidas. La superficie trafica en esperpentos de tumba y anfiteatro: la piel acartonada de estos cadáveres deja ver una superficie de hinchazón y tormento que también juega el acezante juego de toda superficie.

La superficie transforma el vuelo en un fenómeno liso. Un vuelo de águilas o de cernícalos ávidos se convierte en una lenteja de azogue: la superficie, su caricia articulada y brillante, sin fisuras, sin aristas. El vuelo se domestica y entra en la terrestre e inquieta suavidad de la superficie.

surface of the forest and the height of storms to become water and wood, timber and stream: every substance, every silhouette of presences specializes and multiplies over the surface of the world. Every moment flickers over the darkness of the surface and fills time, floods every instant, pierces the blank faces of the reflections.

The surface peels back ideas like sheets of the primordial monster's immaculate scales. The surface makes a pact with the images and perfects them with a touch of two-dimensionality that painting, drawing, film, and photography find pleasing. The surface, at its edges, submerges the delirium of sources: dream of origins, affectionate deception of the plains of the womb, mistaken grandeur of uteruses and fountainheads. The surface denies origins and stretches beyond genealogies, pure energy of being, in the full amplitude of its being-there, maximum extension.

The surface proclaims disseminations: every seed sprouts there, dies there, scatters and comes back to life with a delight born of long vigils and the squandering of the body at twilight.

The surface snatches the bitter corpuscles of resurrection from the mirrors and plunges sweet and sour versions of the afterworld and the compass of ghosts into the reservoirs, poor fictions of deserted houses and promises of another life never kept. The surface trades in grotesque tales of the tomb and the operating room: the shriveled skin of these cadavers allows a glimpse of a swollen and tormented surface playing the panting game that every surface plays.

The surface transforms flight into a smooth phenomenon. A flight of eagles or greedy kestrels becomes a quicksilver lentil: the surface, its caress articulated and radiant, lacking cracks, lacking edges. Flight is domesticated and enters the earthly and worried smoothness of the surface.

But nothing enters, nothing enters this, the surface and its

Pero nada entra, nada penetra esto, la superficie y sus imperios de neutralidad y tersura, sus dominios de lentitud y sus potestades de engaño parsimonioso. También la superficie tiene un sentido de vértigo, de velocidades voraces: pasa el cúmulo de los acontecimientos y el nimbo de los encuentros y los desencuentros afilados contra la parietal inmovilidad de la superficie —y ocurre todo ello con un latigazo, con un disparo, con un encenderse de ojos derretidos y un ensordecedor estruendo de pulso electromagnético.

Las palabras la rozan y casi nada como ellas para "rozarla", pues las manos suelen tener una brutalidad de brusco animal que en realidad muerde y maltrata la superficie. Las palabras son la brisa perfecta para estos mares impávidos.

Sopla entonces la brisa multiforme de las palabras sobre la superficie. Las palabras que aluden a la superficie o hablan de ella, las palabras que hormiguean en la cara solar y lunar a la vez de la superficie.

El cielo es una superficie: esto lo saben los paisajistas. Y un órgano, la máquina de los sentimientos, según Constable. Sobre el cielo se escriben los *manetecelfares* de la meteorología y se dibujan las señas y los síntomas de la clínica paracélsica. El cielo superficial es profundo como una incisión: engaño cicatrizante de los ojos y sus complicidades. El cielo es un regreso continuo: prisma sin salidas que es un laberinto transparente y azul, uróboro inabarcable, círculo para que el horizonte se ahogue y los viajes culminen. El cielo redondea su árida superficie con una voluta de lluvia: talismán del rocío, diamante inmenso de las tormentas y su ferocidad.

La superficie es una bocanada del mundo que se extiende por todos los labios que la besan.

Así: besar la superficie, así morir o despertarse con esos fríos en la boca, esas fiebres negativas, esas denegaciones de final y clausura que sin embargo recomienzan interminablemente.

empires of neutrality and polish, its sluggish dominions and its jurisdictions of frugal deception. The surface also evokes a sense of vertigo, of voracious velocities: the cumulus of incidents passes as does the nimbus of encounters and failed meetings whetted to an edge on the parietal stillness of the surface—and all that happens with the crack of a whip, with a gunshot, with a lighting up of melted eyes and a deafening thunder of electromagnetic pulses.

Words brush against it, and there is hardly anything like them for "brushing against it," for hands tend to possess the brutality of a harsh animal that actually bites and wounds the surface. Words are the perfect breeze for these intrepid seas.

Then the manifold breeze of words blows against the surface. The words that allude to the surface or that speak of it, the words that swarm over both the solar and the lunar faces of the surface.

The sky is a surface: all landscape painters know this. An organ, too—the machinery of feelings, according to Constable. On the sky are written the *manetekelperes* of meteorology, are drawn the signs and symptoms from the Paracelsic clinic. The sky of the surface is deep like an incision: the scarring deception of the eyes and its complicities. The sky is a constant return: a prism with no exits that is a transparent blue labyrinth, a never-ending uroboros, a circle in which the horizon might drown and journeys might end. The sky rounds its arid surface with a scroll of rain: a talisman from the dew, an enormous diamond from the storms and their ferocity.

The surface is a mouthful of world that spreads to every lip that kisses it.

So: kissing the surface, so dying or waking with those slivers of cold in one's mouth, those negative fevers, those rejections of ending and closure that nevertheless endlessly begin again. So: leaving a signal of the surface and continuing beyond it,

Así: en la superficie dejar una señal y continuar fuera de ella, hacia adentro o hacia el exterior. La muralla china de la superficie no deja entrar ni permite salir: siempre todo regresa, desde la superficie, hacia ella.

Hacia la superficie brillan los ojos que se tejieron a ella, con una esperanza de salvación, fe de iconos resurrectos, de lázaros espeleólogos de la muerte y los enterramientos. Hacia la superficie encaminan sus pasos tantas imágenes, murmullos que ennegrecían las paredes de la huida, testimonios de abandono y roturas de diversos organismos. Hacia la superficie avanza, con pasos de nómada extraviado, el poema que se querría escribir y sólo pudo permanecer en los alveolos del silencio, quebrantado de plenitud, luminoso hasta el enceguecimiento y lleno de apetito por la superficie que no verá ni tocará a menos que se beneficie de los dones atribulados del naufragio: lo único que puede llevarlo en un viaje definitivo hacia la superficie.

inward or outward. The great wall of china of the surface does not allow one to enter or exit: everything always returns—from the surface, toward it.

Toward the surface shine the eyes that weave themselves into it with a hope of salvation, a faith of resurrected icons, of speleological lazaruses of death and burials. Toward the surface head so many images, murmurings that blackened the walls of flight, testimonies of abandonment, and breaking of assorted organisms. Toward the surface, walking like a nomad off-course, the poem that longed to be written and could not get beyond the alveoli of silence, advances, shattered with fullness, luminous to the point of blinding, and filled with an appetite for the surface that it will never see or touch unless it boasts the afflicted gifts of the shipwreck: the only thing that can take it on a definitive trip toward the surface.

# El silencio

*para Coral Bracho*

Está en las palabras dulces o ásperas de todos los días
de un modo oblicuo. Y es una presencia inevitable
en la que toda voz humana se reconoce
antes o después de aparecer.

En el relámpago es pura luz de inminencia y en el trueno fiel
es como la negrura del estruendo, su lado negativo, su reverso
de virtualidades, su espejo profundo.

En esta larga y suave mano
que se tiende hacia mi rostro en las mañanas
reconozco su riqueza de sentido indecible.

Lo agradezco a la manera de quien ama la invisibilidad
y el poder de una dádiva divina.
Habita en algunos textos cuya mudez impresa o caligrafiada
es apenas una sospecha de su plenitud desafiante. Pues no es
      igual
a la mudez de esos signos: la sostiene, la nutre, la completa,
la fecunda —y hace posible su despliegue de forma y de
      significado.

Sin él la música no tendría sustancia ni estructura
y muchos poemas se vaciarían de su magia sensible
hasta quedar convertidos en tibias cáscaras,
en maquinarias inservibles o apagadas.

# Silence

*for Coral Bracho*

It lies obliquely in the tender or harsh words
of every day. It is an inevitable presence
in which every human voice recognizes itself
before or after speaking.

In the lightning bolt it is the pure light of imminence and in
    the reliable thunder
it is like the blackness of the blast, its negative face, its flip side
of potentialities, its deep mirror.

I recognize in this long, smooth hand
reaching for my face in the morning
its wealth of unspeakable meaning.

I am grateful to silence like him who is enamored of invisibility
and the power of a divine gift.
It inhabits certain texts whose printed or handwritten
    muteness
barely hints at its defiant plenitude. For it is not the same
as the muteness of those signs, which it sustains, nourishes,
    completes,
fertilizes—and makes possible its display of form and meaning.

Without it music would possess neither substance nor structure
and many poems would be drained of their tangible magic,
turning at last into tepid shells,
useless or unplugged machinery.

Lo recogí hace años en los ojos de una mujer
que agonizaba lentamente y veía el abismo.
Ella me entregó un pedazo brillante y sordo del mundo
que la rodeaba, en ese preciso momento,
con los dones acres del sufrimiento, en la última prueba.

Juan de Yepes y Juan de Patmos sintieron su profundidad
en los actos amorosos o turbulentos de Dios.

Su existencia tiene todos los atributos de la nada
pero está repleta y abruma. A veces tiene la delicadeza
de un espíritu sobrehumano que podría aniquilarnos
como el Ángel de las Elegías de Rilke.

Hecho de negatividad y transparencia,
no es ni una cosa ni otra —y se parece al pensamiento,
que lo solicita con frecuencia en las altas noches
y en los días indiferentes y ruidosos.

Tiene un fuego y lo deposita en el corazón, semejante
a la muerte y en todo parecido a la vida que vivimos
y nos vive de un modo impersonal y abstracto.

A ese fuego he confiado la riqueza o miseria
de miles de vocablos, acaso innecesarios.

Years ago I gathered silence from the eyes of a woman
who was slowly dying and could see the abyss.
She gave me a shining, deaf scrap of the world
that surrounded her at that very moment,
along with the bitter gifts of suffering, in the final test.

Juan de Yepes and John of Patmos felt its depth
in the loving or turbulent acts of God.

Its existence bears all the qualities of nothingness
but is replete and overwhelms. At times it possesses the delicacy
of a superhuman spirit that could annihilate us
like the Angel in Rilke's Elegies.

Made of negation and transparency,
it is neither one thing nor the other—and it resembles thought,
which seeks it frequently, late at night
and during the loud and indifferent days.

It carries a flame and places it in the heart, like
death and fully resembling the life we live
and that lives us impersonally and abstractly.

I have entrusted to that fire the wealth or poverty
of thousands of perhaps unnecessary words.

# Palabras

Restos impuros de palabras vuelan entre papeles azules
El viento se vuelve una transparencia de enigmas
Bajo el impulso de esos remolinos

Basura de bibliotecas vertedero de enciclopedias
Pizarrones de escuelas ahora calladas
Cuadernos emborronados todo eso prepara
La marea de las palabras y la conduce
A esos territorios a esos basurales a esos reinos

Se ilumina el cuerpo del tiempo en esa clara confusión
Olvido y sangre se mezclan con ese remolino
Palabras escritas palabras puntiagudas palabras
Sostenidas en la punta de un suspiro quemante
Forman las brumas enjoyadas de una tela envolvente

Palabras en claroscuro borran el tibio y exasperado
Analfabetismo de los insomnes y los neuróticos
Palabras se entrelazan con la ropa de la Resurrección
Con los trapos bendecidos del Santo Sepulcro

Palabras con vanidad de griales
Con venas y tesoros con armaduras y sedas

Palabras con deslizamiento de verdades cristalinas
Y con barniz de mentiras desesperantes de tan hermosas

Remolinos de Hamlet que lee y musita sobre libros fluyentes
Para el desconcierto de cada Polonio indiscreto que acecha
Y espía y maquina consejos en forma de volutas

# Words

Tainted scraps of words swirl among blue sheets of paper
The wind becomes a transparency of enigmas
In the thrust of those whirlwinds

Library rubbish heap of encyclopedias
School blackboards fallen mute
Scribbled notebooks it all makes way
For the tide of words and leads it
To those lands those trash heaps those kingdoms

The body of time is illuminated in that bright confusion
Blood and oblivion mingle in that whirlwind
Written words sharp-pointed words
Words balanced on the tip of a smoldering sigh
Make up the jeweled mists of an enveloping cloth

Chiaroscuro words rub away the warm and exasperated
Illiteracy of insomniacs and neurotics
Words intertwine with the garb of the Resurrection
With the blessed rags of the Holy Sepulchre

Words vain as grails
With veins and treasure with silk and suits of armor

Words that glide with crystalline truths
And with the varnish of lies infuriating in all their beauty

Whirlwinds of Hamlet reading and muttering about flowing
    books
To the bafflement of every indiscreet Polonius lying in wait
Spying and devising advice in the shape of coiled helices
    whorled spirals

Toda palabra está manchada está rodeada por todos lados
Por la sanguaza de la experiencia
Por la mugre de los hechos directos
Por los diamantes bajos de la fisiología

La filosofía queda impregnada por la savia palabral
El estilo de los sistemas está sitiado por la brisa
De los diccionarios y los tratados de lingüística

Por dentro se encienden y se apagan las palabras
Pero cuál es ese interior el cuerpo el sonido sin lados
Ni dimensiones mensurables el viento sin cara
El oxígeno necesario y nocturno en el árbol anatómico

Dentro del cuerpo las palabras son un hirviente murmullo
Dentro del silencio caen como gotas de plomo ardiente

Larvas espirituales se agitan en el caldero de las etimologías
Una palabra fósil se deja descifrar por un mago
Un monosílabo negro guarda blanquísimas siberias

El balbuceo de los niños en busca de las palabras
Es como una figura de tierra y agua que busca
Su tamaño de estatua su tersura de cerámica

Llevamos palabras en las manos como se lleva cuidadosamente
Una ofrenda o un puñal vengativo
Las llevamos o nos llevan como si fuésemos pródigos hijos
De regreso en la casa del lenguaje las habitaciones
Del aire grávido de sentidos de perfiles de honduras

Pero en la superficie de cada palabra brillan oscuras semillas
Recipientes en todo semejantes al metal de las espadas
Cuencos afilados para beber el agua de los duelos

Every word is stained is surrounded on all sides
By the tainted blood of experience
By the grime of straight facts
By the lower diamonds of physiology

Philosophy is impregnated by the wordy sap
The style of systems is besieged by the breeze
Of dictionaries and linguistic treatises

Inside the words turn on and off
But what is this inside the body sound without boundaries
Or measurable dimensions the wind without a face
The night's essential oxygen in the anatomical tree

Within the body words are a seething murmur
Within the silence they drop like beads of molten lead

Spiritual larvae stir about in the kettle of etymologies
A fossilized word allows itself to be deciphered by a wizard
A black monosyllable conceals snow-white siberias

The babbling of children in search of words
Is like a figure made of earth and water seeking
Its statuesque size its porcelain-smooth skin

We carry words in our hands with the care we use when
     carrying
An offering or a vengeful dagger
We carry them or they carry us as though we were prodigal
     sons
Back in the house of language the bedrooms
Of air heavy with meanings with outlines with depths

But dark seeds shine on the surface of every word
Containers fully resembling the metal of swords
Sharpened bowls for drinking the water of grief

Duelos que son entrechocar de floretes y duelos que también
Nos llenan de negrura de lamento las comisuras del alma

La negrura de las palabras es un duelo así esgrima y luto

Cada palabra muerta en las fuentes del olvido
Revive en la brasa de la conversación por un chispazo
De áspero y nutritivo deseo de contacto

Palabras entonces hechas de suelo y sueño
De mecates y arcilla de prodigio y de angustia

Hablo escribo escucho deletreo balbuceo
Cada movimiento me acerca a los surtidores
Y a los papeles azules de cielos en donde asoma
Un deseo de palabras un ansia de vinculación y reencuentro

Se mueven entonces las palabras como una máquina numerosa
Trazan sobre los líquidos de la mañana la sospecha
De las presencias el cortejo de los fenómenos

Una palabra dura un siglo otra palabra se desvanece
En medio del coito y su fuego altísimo

Duels that are the collision of foils and its dual grief that also
Fills us to the corners of our souls with the blackness of
      lamentation

The blackness of words is dual duel and grief

Every dead word in the fountains of oblivion
Returns to life in the live coal of conversation lit by a spark
Of harsh and nutritious longing for contact

Words made then of soil and sleep
Of twine and clay of wonder and anguish

I speak write listen spell babble
Every movement draws me closer to the source of springs
And to the blue paper of skies from which peeks
A desire for words a longing for connection and reunion

Then the words move like a numerical machine
Sketch upon the liquids of morning the suggestion
Of presences the procession of phenomena

One word lasts a century another word vanishes
In intercourse and its searing flame

# Cala

Cala en el cielo como un punto azul en la ingle,
como una llamarada en medio del silencio apretado del frío.

Pero cala de qué, cómo, cuándo, limitada o desbordante,
gris o irisada de colores y cuerpos innumerables.

La vi, la investigué. Yo subía en las heridas del atardecer
hasta la ruda atmósfera baja de los deslumbramientos.

Estaba el cielo ahí, junto al cielo se diseminaban torvos
    nombres
que yo intentaba reconocer sin conseguirlo. Pero en el cielo,

esa cala. Una entrada en el mundo, un fenómeno de penetrar
que aludía a actos sexuales, a invasiones bárbaras

como puntos azules en la ingle o en el imperio, tajo
e inmersión. No sé si era eso un líquido, una desarrollada

manera de juntarse cosas a base de romper y rasgar,
de calar con dulzura o de realizar un desgarramiento.

Podía ser un fuego para contrastar el color del cielo
    aristocrático,
un fuego un poco polvoso, una tolvanera ígnea.

Podía ser una aurora boreal pero en mi barrio
no suele haber ese tipo de fiestas meteorológicas.

Yo seguía preguntándome mientras alrededor sentía
heridas y filosofía y hasta una sospecha de ciencias turbias.

# Piercing

It pierces the sky like a blue point in the groin,
like a flame burning in the cramped silence of the cold.

But what, how, when does it pierce, confined or overflowing,
gray or iridescent with countless colors and bodies?

I saw it, looked it over. I was climbing the wounds of the
    afternoon
to the coarse, lower atmosphere of dazzling radiance.

There was the sky and next to the sky were grim nouns
    scattered about
that I attempted to identify without success. But in the sky,

that piercing. An entrance to the world, a phenomenon of
    penetrations
alluding to sexual acts, barbarian invasions

like blue points in the groin or the empire, slash
and immersion. I don't know whether it was a liquid, a
    sophisticated

means of gathering things together by breaking and clawing,
by tenderly piercing or by tearing apart.

It might have been a fire to contrast with the color of the
    aristocratic sky,
a fine somewhat dirty fire, an igneous dust storm.

It might have been an aurora borealis but in my neighborhood
that sort of meteorological celebration is rare.

I continued wondering while around me I could feel
wounds, philosophy, and even a hint of murky sciences.

De cualquier modo eso estaba ahí, el cielo, una cala
y el azul de la ingle y el azul del imperio. Y entonces

hubo que preguntar qué hacer con todo eso, qué larva
de acontecimiento se tejía en su capullo de inminencia.

Seguí observando entre las heridas flamígeras
del atardecer circundante. Podía ser un avión que pasaba.

Podía ser un signo o señal del fin de los tiempos y yo
podría atestiguar más adelante y dar entrevistas por televisión.

Estaba el problema de los nombres que también estaban ahí
sin que yo pudiera reconocerlos, distinguirlos. Esos nombres

no se dibujaban ni escribían en el cielo pero parecían
adornar esa cala, esa extrañeza obsesionante.

Anocheció y entonces comprendí que podría ser eso
y nada más: hilada en el tiempo sin heroísmo, una noche.

¿Estaba yo seguro? No, no lo estaba. Lo que siguió a esta
        pregunta
fue una respuesta de la Noche, un oscurecimiento.

In any event, there it was, the sky, a piercing
and the blue of the groin and the blue of the empire. And then

one had to ask what should be done with all this, what larval
incident was weaving itself in its cocoon of imminence.

I continued to watch through the flaming wounds
of the encircling afternoon. It might have been a passing plane.

It might have been a signal or sign of the end of time and I
could testify later and be interviewed on television.

There was the problem of the nouns that were there as well
though I couldn't identify them, pick them out. Those nouns

were neither sketched nor written in the sky but rather
seemed to adorn the piercing, that haunting oddity.

Night fell and then I understood that it could be that
and nothing more: a night, stitched into time without heroics.

Was I sure? No, I wasn't. This question was followed
by a reply from the Night, a darkening.

# El encierro

¿Cómo hablar del encierro, de sus cambiantes hogueras y de las mutaciones que envolvieron nuestros corazones? ¿Cómo decir cuánto y cómo sucedió si las palabras sólo sirvieron entonces para honrar a los Elementos y construir un vértigo?

Las tardes transcurrían con un paso ligero de madera traslúcida y las noches llegaban más temprano que de costumbre. Nos estábamos templando en las disciplinas de una ignorancia que nos dejaba quemados por dentro y llenos de almas nuevas, de sombras protectoras. Ignorancia hecha de agua y de cuerpos estrechados en un bautizo que solamente para nosotros era sagrado y luminoso.

Estábamos encerrados. Respirábamos cosas sonámbulas hechas de nieve y miedo, de humo tajado y desunida ceniza, separados del mundo, entre símbolos y señales de encuentros: ropa tirada, vasos, libros, números telefónicos, tijeras, cuadernos y papeles ciegos. Apenas hablábamos. ¿Qué podíamos decirnos? Alguna vez se dijo: "Las llaves huelen a sangre", pero el sentido de esa frase se cubrió con un hálito de abismos y más tarde esas simples palabras fueron manchadas y sacudidas por el mundo exterior, por sus enviados más torpes y vulgares.

Estábamos abrazados con una postura de cerámicas vivas, entrando y saliendo de nosotros mismos con un fuego pausado. Giraba el silencio sobre nuestras cabezas. Pero nosotros lo rechazábamos como héroes inventados, como vagabundos inciertos, caminando constantemente, inventando rituales que no podíamos explicarnos, en torno de la cama iluminada por una inmensa ola de plata: era el largo momento de la tarde que se abría y se cerraba ante nuestros ojos.

El encierro fundió extrañas manos de oro y las dejó tiradas entre lívida sal y largo lodo solar, imantaciones del encuentro e interminables conversaciones. Afuera la ciudad se desintegraba

# Confinement

How can one speak of confinement, of its shifting bonfires and the mutations that enveloped our hearts? How can one say to what extent and how it happened if words only served at the time to honor the Elements and construct a vertigo?

The afternoons passed in a quick pace of translucent wood and the nights arrived earlier than usual. We were restraining ourselves in the disciplines of an ignorance that left us burnt inside and filled with new souls, protective shadows. Ignorance made of water and of bodies clasped in a baptism that was holy and luminous to us alone.

We were confined. Separated from the world, we breathed somnambulant things made of snow and fear, of sliced smoke and severed ash, among symbols and signs of encounters: tossed clothing, glasses, books, telephone numbers, scissors, note-books, and blind sheets of paper. We barely spoke. What could we have said to one another? Once someone said, "The keys smell of blood," but the meaning of that phrase was concealed by a breath of chasms and later those simple words were stained and shaken by the outside world, by its most clumsy and coarse emissaries.

We were clasping each other, posed like living porcelain, entering and leaving ourselves with a slow flame. Silence revolved around our heads. But we rejected it like made-up heroes, like hesitant vagabonds, forever walking, making up rituals we couldn't explain, around a bed illuminated by an enormous silver wave: it was the long moment in the afternoon that opened and closed before our eyes.

Our confinement melded together strange hands of gold and left them on the floor with bluish salt and long solar sludge, magnetizations of the encounter and endless conversations. Outside, the city disintegrated and became one with itself with

y se unía a sí misma con un ritmo de sedentarismo y cordura pero también de locas derivas, de transacciones sin sentido. Circulaba entre los cuerpos una ligereza de pavor, una sequía anónima hecha de costumbres y menudas derrotas. Adentro, donde tú y yo estábamos juntos, sobreviviendo, entre el sabor del sudor y la estrechez agónica de los abrazos, letras se deslizaban y sonidos se resolvían en imágenes.

Encerrados, limitados por una pared de blancos signos, a la vez ilimitados por la saciedad de la carne y las pieles conjugadas, metidos en el naufragio del contacto, atados al tiempo que se desarrollaba con una lentitud de pasmo y escrituras de hipnosis, entrábamos cada vez más en el fondo de corredores góticos y de pasadizos que no conducían sino a su propio reflejo, en el fondo acuoso de las tardes disueltas en el creciente charco de la noche.

Yo te pedía que escucharas lo que hay en el fondo de ciertos ansiosos limos de penumbra. "Es mi vida", decía yo. "Es algo edificado sobre cristales manchados y libros entontecidos, tragos de tristeza y caminatas sin destino…" Así hablaba yo pero mis palabras se perdían en el laberinto de tus espejos, de tus fábulas, de tu memoria lúcida. Con oídos de sordomudo yo mismo he escuchado el crujir de estas lindes, de estas consternaciones, de estas monedas malgastadas, de estos atavíos innobles. Rincones de calor protegían los utensilios de la niñez —pero luego cundían en esas historias rostros feroces, rostros ambiguos, manos y ojos dibujados entre el follaje del alcohol, amenazantes.

¿Para qué escuchar si todo era contacto y lumbre? Y sin embargo escuchábamos el hechizo de las aguas que acaso nos esperarían: ríos lejanos, mares inermes colocados debajo de letras fantasiosas y colmadas de mitologías, arroyos junto a aldeas, el rumor calmo de los lagos. Imágenes que iban encontrando una verdad se encajaban en nuestras imaginaciones.

Meses después vinieron otras olas y otras imágenes, cor-

a pace of sedentary life and sanity but also of mad deviations, of meaningless transactions. A touch of dread circulated between our bodies, an anonymous drought made of habits and petty defeats. Inside, where you and I huddled together, surviving, between the taste of sweat and the deathly clasping of embraces, letters glided and sounds resolved themselves into images.

Confined, bounded by a wall of white signs, unbounded at the same time by the satiation of the flesh and the conjugated hides, set in the shipwreck of contact, tied to time that unfolded with a languor of awe and hypnotic texts, we entered farther and farther into gothic corridors and passageways that only led to their own reflection, at the watery bottom of afternoons dissolved in the spreading puddle of the night.

I would ask you to listen to that which inhabits the depths of certain nervous slimes from the shadow. "It's my life," I would say. "It's something built on top of stained windows and stupefied books, gulps of sorrow and aimless excursions..." That's how I talked, but my words were lost in the labyrinths of your mirrors, your fables, your keen memory. With deaf-mute ears I myself have listened to the crunching of those boundaries, of those consternations, of those squandered coins, of those ignoble attires. Corners of heat protected the utensils of childhood—but then fierce faces, ambiguous faces ran rampant in those stories, threatening hands and eyes sketched amid the foliage of alcohol.

Why bother listening when everything was contact and flame? And yet we listened to the spell of the waters that might await us: distant rivers, exposed seas positioned below fantastic letters brimming with mythologies, streams next to villages, the soft noise of the lakes. Images finding a truth lodged in our imagination.

Months later other waves and other images came, cuts and larvae that poisoned the spirits and, full of anguish, displaced

taduras y larvas que envenenaron los espíritus y desplazaron con angustia ese miedo fecundo del encierro. Escribir ahora esto me deja en la cara indicios de amor recuperado, de quemante y gozosa cercanía. Escribir esto me sitúa de nuevo en la visibilidad vívida del encierro, ahora que el tiempo ha vuelto a fluir para nosotros y escribir vuelve a ser lo que era: un juego, una manera de acercarnos a lo que hay en los sueños más vivos, un trabajo de tardes azules, una faena circuida de negaciones, resplandores, abrazos, recuerdos del encierro.

that fruitful fear that comes of confinement. To write this now leaves traces on my face of reclaimed love, of burning and delightful proximity. To write this locates me again in the vivid visibility of confinement, now that time is flowing once more for us and writing is once again what it used to be: a game, a means by which we get close to what exists in the most vivid of dreams, a labor of blue afternoons, a task encircled by refusals, sparkles, embraces, memories of confinement.

# El desierto

Que nadie olvide el fulgor del desierto.

Duerma la arena en la lumbre del tiempo.

Las montañas, los cuerpos heridos,
la memoria, las ruinas

quedaron en la soledad del desierto.

Que cada herida resplandezca
y cada beso selle de nuevo el rostro rojo del cielo.

Que la plegaria y el vituperio,
la vergüenza y el gozo

se tiñan con la energía del desierto.

Que tengas que escuchar siempre el rumor
de la sangre en la Plaza.

El rojo cielo roto,
las manos empapadas por un dolor oscuro:

signos del desierto en el instante que enciende
sus amaneceres y sus vibraciones.

Que en las bocas no quede nada ni nadie.

Que queden todos
metidos en la sombra fecunda...

que todo se humedezca
con la luz antigua de la Resurrección.

# The Desert

May no one forget the radiance of the desert.

May the sands sleep in the embers of time.

The mountains, the wounded bodies,
the memories, the ruins

remained in the desert's solitude.

May every wound glisten
and every kiss seal again the red face of the sky.

May prayer and revilement,
shame and delight

be tinged with the energy of the desert.

May you always hear the murmur
of blood in the Plaza.

The broken red sky,
the hands dripping with dark sorrow:

signs of the desert at the moment it kindles
its dawns and its vibrations.

May the mouths be empty of anyone or anything.

May everyone
be placed in the copious shadow...

may everything be moistened
by the ancient light of Resurrection.

Que todo quede en el vuelo de esta tierra,
todo en la magia de las presencias

—los gatos y los zopilotes,
los perros y las iguanas,
los yermos y los jardines,

el jacinto dormido, el nardo enhiesto.

Que el desierto aparezca y desaparezca,
con un ritmo desnudo, a lo largo de las horas y los días

—*las horas que limando están los días,*
*los días que royendo están los años.*

May everything be contained in the flight of this earth,
everything in the magic of presences

—the cats and the vultures,
the dogs and the iguanas,
the wastelands and the gardens,

the sleeping hyacinth, the erect spikenard.

May the desert appear and disappear,
in a naked rhythm, through the hours and the days

—*the hours filed down by the days,*
*the days gnawed away by the years.*

## Estos errores

Raudos, como la sal del navajazo,
con un frío temor,
aparecen ahora los errores
—albos de tan perfectos—
con su circunferencia púrpura.
Estos errores míos
que me conmueven
y por los que me odio.

Largo ha sido el día de conocerlos,
larga la madrugada de paladearlos —su sabor
en mis conversaciones convergentes
y en los puñales áridos del cuerpo.

Con su circunferencia póstuma, empapados
de mi manera de ser, navegan
por estas aguas de conocer y no saber;
aguas de malquerer, doradas
de ternura impuntual o meras antipatías.

Los tomo en mis manos enfermas, los acerco
a mi pecho. Me dan lástima
de tan sinceros y directos.
Errores: manchas turbias
en lo que otros llaman la Experiencia.

# These Mistakes

Impetuous, like the salt of the dagger's slash,
the mistakes are now revealed
—alabaster in their perfection—
with cold fear,
with their purple periphery.
These mistakes of mine
that move me so
and for which I hate myself.

Long the day of knowing them,
long the early morning relishing them—their flavor
in my convergent conversations
and in the arid daggers of the body.

With their posthumous circumference, drenched
in my way of being, they navigate
these waters of knowing and not-knowing,
waters of ill will, gilded
with untimely tenderness or simple aversions.

I hold them in my sickly hands, draw them
to my chest. Their sincerity and frankness
make me sorry for them.
Mistakes: murky stains
on what others call Experience.

# La lidia

Lavo una y otra vez la ungida cuchillería.

Lavo los filos y lavo también
la prefiguración de la sangre.

Lavo las transformaciones de la herida.

La arena, la arena. O el amor, el mar, unos antebrazos.

Lavo el ojo almendrado del deseo sexual
y lavo también la girante música de la fiesta
con un trapo de ruido.

Lavo un pie, una mano.

El mar, el mar, lleno de imágenes.
O el viento, sus feroces ondulaciones.

Lavo el término y el principio,
el tiempo y la eternidad.

Lavo los músculos del toro
y su rezumante sombra de héroe.

Lavo el cuerpo del amor con el agua purísima del sufrimiento

y lavo asimismo las caras
con la lustral bendición de la sabiduría.

# The Bullfight

I wash the anointed cutlery again and again.

I wash the blades and also
the prefiguration of the blood.

I wash the transformations of the wound.

The sand, the sand. Oh, love, the sea, a pair of forearms.

I wash the almond eye of sexual desire
and the festival's whirling music, too,
with a rag of noise.

I wash a foot, a hand.

The sea, the sea, brimming with images.
Oh, the wind, its fierce undulations.

I wash the end and the beginning,
time and eternity.

I wash the bull's muscles
and its heroic shadow oozing out.

I wash the body of love with the immaculate water of suffering

and likewise wash the faces
with the lustrous blessing of wisdom.

## Visita del amigo

Hasta aquí, a la tarde,
viene el amigo, encenizándose,
vuelto un murmurio con muescas
y sin flor, abotagado.
Pero yo lo cincelo hasta dejarlo mondo.
Escueta su descomunal pedantería,
enorme la lentitud de su velocidad.
Llega fatigándose de puro elegante.
Se va creyéndose yo mismo:
así son los juegos de vanidad
que más me enorgullecen.
Pero me quedo triste
pues tardará en regresar.
Su cara parecerá la mía.
Quiero decir: mi cara
cuando estoy alegre.

# A Visit from My Friend

In the afternoon my friend
wends his way here, covering himself in ashes,
turned to a murmur, fluted
and flowerless, bloated.
But I chisel him until he is bare.
His enormous pedantry is unadorned,
the slowness of his speed is colossal.
He arrives, weary from all his elegance.
He leaves, believing himself to be me:
such are the games of vanity
that most fill me with pride.
But I am sad nevertheless,
for it will be a while before he returns.
His face will look like mine.
That is: my face
when I am happy.

## Coraza caracterial

El rumor del frío es una magia
Nadie habla    Nadie se entendería
Si dijeran su nombre si contaran sus historias
Si sollozaran si gritaran sería Babel otra vez

No tiene sentido
El sentido se pierde en medio del frío
El rumor helado es un roce babélico

Yo veo cómo la mujer se desmaya
Y cómo las chispas cubren ardorosamente
La pesadilla de su hijo

Yo escucho las palabras duras del anciano
La voz de textura celestial

Y nada entiendo      Pierdo el sentido
Entro en el hechizo del anciano

La mujer y el anciano y el hijo
Tienen perfiles de fieras
En la tiniebla vertiginosa

Digo que escuches    Escúchame
Rasga las vendas que te cubren
Despierta del desmayo y mírame

Mi cuerpo cerca del tuyo
Es una imagen fría sobre las piedras
Una raya sobre la sombra del río
Un gesto perdido en el cielo

# Character Armor

The murmur of the cold is a magic
No one speaks    No one would be understood
If his name were spoken if her tales were told
If they sobbed if they cried out it would be Babel all over again

It makes no sense
Sense lost in the cold
The frozen murmur is a brush of Babel

I watch how the woman faints
And how the sparks ardently cover
Her son's nightmare

I hear the hard words of the old man
The celestial texture of his voice

And understand nothing       I fall senseless
Enter the old man's spell

The woman the old man and her child
Take the shape of beasts
In the vertiginous mist

I tell you to listen    Listen to me
Pick at the bandages that cover you
Wake from your faint and look at me

My body next to yours
Is a cold image against the rocks
A streak of light on the shadow of the river
A gesture lost in the sky

# Envoltorios

Envuelvo en trapos de transparencia
lo que se ha desprendido,

lo doy al fuego de la visibilidad,

óvalos de las llamas, sentencias
o frases

para la prosa del tiempo.

Envuelvo esto que te tocaba,
el gajo y el cuchillo,

el halo del paladar, los enredos
sabios o sabrosos de la lengua,

los versos de la naranja
sobre la curiosidad papilar.

Envuelvo la redondez del ruido
en busca de la paronomasia:

escuchadas pedrerías
de guturales y de aliteraciones

que fluyen y se tropiezan,
cruzan hacia el Oriente del Pentagrama.

Envuelvo estos olores
y los anudo bajo las adivinaciones del sabueso

y en la comisura del sándalo

# Bundles

I wrap in rags of transparency
what has come loose,

feed it to the fire of visibility,

ovals of flames, sentences
or phrases

for the prose of time.

I wrap what used to touch you,
the slice of fruit, the knife,

the halo of the palate, the wise
or delicious twists of the tongue,

the verses of the orange
on papillary curiosity.

I wrap the roundness of sound
in search of paronomasia:

overheard jewels
of gutturals and alliterations

that flow and collide,
head for the East of the Pentagram.

I wrap these smells
and tie them beneath the gumshoe's divinations

and in the nook of sandalwood

y en el pliegue del anís.

Envuelvo las manos que han tocado el cosmos
y se hundieron en el místico lodo,

regresaron a los rostros y ahora
se abren en las sombra como palabras.

and in the pleat of anise.

I wrap the hands that have touched the cosmos
and sunk into the mystical mud,

that returned to the faces and now
open in the shadows like words.

## La olla

Asomado a la olla de los fenómenos,
vislumbro
un hervor de alfileres
y las promulgaciones púrpuras
del sufrimiento.

Vigilo ese milímetro de menta
y esa fantasmagoría bizantina: pantócrator
de la mala conciencia
en la Ravena del sentimentalismo.

Mira: se dora el techo, Él levanta la mano
y su mirada enfría
lo que está en la olla.

Luego Wittgenstein desdobla
tres o cuatro proposiciones
y el lenguaje saca la lengua
en el ardiente filo
de los fenómenos.

Mira: alfileres en tus manos.
Escucha: murmullos de la mala conciencia.
Toca el borde curvo y angustioso
de la olla, la sopa de lo que se manifiesta,
los condimentos de la percepción,
el neutro y menudo perejil
de los discursos.

Este platillo anémico
te han servido
y yo no puedo hacer nada.

# The Cauldron

Peeking into the cauldron of phenomena,
I make out
a seething of needles
and the purple proclamations
of suffering.

I watch over this millimeter of mint
and that Byzantine phantasm: pantocrator
of the guilty conscience
in the Ravenna of sentimentalism.

Look: the ceiling is gilded, He raises his hand,
and his gaze turns cold
everything in the cauldron.

Then Wittgenstein unfolds
three or four propositions
and language sticks out its tongue
on the burning edge
of phenomena.

Look: needles in your hands.
Listen: murmurings from your guilty conscience.
Touch the curved and anguished lip
of the cauldron, the soup of what is made manifest,
the condiments of perception,
the bland and tiny parsley
of speeches.

They have served you
this anemic dish,
and I can do nothing about it.

Parecía hervir, semejaba
una cuchillada o una enfermedad incurable
o una novela gótica.

Pero es la olla fría de los fenómenos:
como los Callos a la portuguesa
de Campos.

No era eso lo que imaginábamos
y no tiene remedio.

It seemed to boil, resembled
the gash of a knife or an incurable disease
or a Gothic novel.

But it is the cold cauldron of phenomena:
like the Oporto-Style Tripe
of Campos.

That was not what we had imagined
and it can't be helped.

*Ciencia poética / Tratado número 2*

Entré en la bizquera de los arco iris
y encontré agua redonda
rodeada de destellos cursivos.

Entré en la letra muda
y hallé embriones de novelas magníficas
—también mentiras de políticos, injurias.

Entré en el vidrio de la ceguera
y en una calle blanca
y descubrí cajas de Cornell y Tizianos.

Entré en trenzas de tinta,
en máquinas y vértebras:
me salieron al paso bocas de ángeles.

Entré en pelvis y pulverizaciones,
en una fractura de luna
aparecí luego ante los tribunales

sobre la horqueta magnetizada
de una i griega, acusado
de entrar demasiado,
de inventar demasiado.

*The Science of Poetry / Treatise Number 2*

I entered the rainbows' crossed eyes
and found round water
surrounded by italic flickerings.

I entered the mute letter
and discovered embryos of magnificent novels
—politicians' lies and slander, too.

I entered the glass of blindness
and a white street
and discovered Cornell boxes and Titians.

I entered braids of ink,
machines, and vertebrae,
was waylaid by the mouths of angels.

I entered pelvises and pulverizations,
a fault in the moon,
and then appeared before the courts

on the magnetized fork
of a *y*, accused
of entering too much,
of inventing too much.

## Juegos de manos

La mano se abre
y el naipe bienaventurado del saludo
queda expuesto
ante la otra mano, también abierta.

La mano se cierra en un puño:
fogonazo de la amenaza,
gesto de protesta
cuando la mano cerrada
lleva hacia arriba
la longitud fluida del brazo.

Una vez más la mano se abre
y la fulguración
de la caricia sexual
se diluye y afirma en la electricidad
del tacto deseante.

La mano cerrada guarda
una semilla de desesperación
y la mano abierta libera
un pedazo de mundo.

## Sleights of Hand

The hand opens
and the venerable playing card of greetings
is revealed
to the other hand, open as well.

The hand closes into a fist:
explosion of the threat,
gesture of protest
when the closed hand
carries the fluid
length of the arm upward.

Again the hand opens
and the glistening
of the sexual caress
is dissolved and solidified in the electricity
of the longing touch.

The closed hand holds
a seed of desperation,
and the open hand releases
a piece of world.

# Declaración de antipoesía

Ya no quiero escribir acerca de la ciudad-tendida-a-mis-pies
ni de una clase de luz que nada más yo puedo percibir y
     entender.
Preferiría hacer versos donde los rechinidos y las crepitaciones
que me circundan algunas noches, no demasiadas
—ruidos y sobras cuyo significado ignoro—,
tengan un lugar y le den a los lectores
esa sensación de inquietud semejante
a la de sueños inolvidables por razones ignotas. Quisiera
un poco de claridad en el misterio y un poco de misterio
en el paso de una palabra a otra. Estoy cansado de la
     vanilocuencia
y de la trascendencia de tantos poemas que no me convencen,
me irritan, me dejan exhausto de pompa y de mensajes
—como D.H. Lawrence estaba cansado
de las mujeres que fingen un amor que no sienten y exigen,
con estridencia, una reciprocidad, acaso igualmente fingida.
Sin embargo, ¿qué haré cuando la ciudad se tienda a mis pies
y la inunde una luz de ultramundo? Haré a un lado esa imagen
y me concentraré en otras cosas: ese gesto perdido que tenía
un aroma de salvación, la giración de ciertas moscas, el silbido
de los comerciantes callejeros. No sé si podré. Pero no saberlo
me da un gran sentimiento de alivio lleno de contradicciones.

# Declaration of Antipoetry

I no longer want to write about the city-stretched-out-at-
        my-feet
or a kind of light that only I can perceive and understand.
I would prefer to write lines in which the creaking and
        crackling
that surround me on certain nights, not so often
—noises and shadows whose meanings I don't understand—
have their place and prompt in my readers
the uneasy feeling like that of
dreams one cannot forget for inexplicable reasons. I would like
some clarity in the mystery and some mystery
in the passage from one word to another. I am tired of the
        verbosity
and transcendence of so many poems that don't convince me
        in the least,
that bug me, that wear me out with their pomp and their
        utterances
—the way D.H. Lawrence was tired
of women who fake a love they don't feel and shrilly demand
a reciprocity that might be equally feigned.
And yet, what will I do when the city stretches out at my feet,
bathed in an otherworldly light? I will set that image aside
and focus on other things: that lost gesture with
its scent of salvation, the revolutions of a couple of flies, the
        whistling
of street vendors. I don't know if I'll succeed. But not knowing
gives me an enormous sense of relief filled with contradictions.

# Pasiones

En cada objeto la sombra de la Pasión
cae como cae la luz de la mañana.

Sobre el Gólgota de la conciencia que se eleva
desde los turbios encadenamientos
del cuerpo dormido,
se depositan clavos,
coronas de espinas, gallos.

Cuánta miseria alrededor. Y cuánto, a la vez,
calor de salvación en la materia que bizquea
y se empobrece junto a nosotros—

tantas briznas, quintales de Paráclito,
debajo de las mesas de las cantinas
y cuántos trapos con rostros divinos
a la salida de la plaza de toros.

# Passions

On each object the shadow of the Passion
falls as falls the morning light.

Upon the Golgotha of conscience rising
from the murky shackles
of the sleeping body,
nails are deposited,
cocks, crowns of thorns.

Such destitution all around. And, at once, such
heat of salvation in matter that squints
and is depleted at our side—

so many strands, hundredweights of Paraclete,
beneath the tables of the cantinas
and so many rags bearing divine faces
on the way out of the bullring.

# Hombre enfermo

El perro nocturno come
dos anillos de sangre
pero el perro vespertino lo ahuyenta.

Los diamantes del pecho
se queman y se desunen.

El perro diurno lame
la entrada del pecho
pero el perro nocturno
conoce la salida.

Todos los perros
quieren tener un lomo de diamante.

Dos anillos de sangre nueva dan vueltas.

El pecho va quedándose solo
con un perfume de ladrido.

## Sick Man

The nighttime dog eats
two rings of blood
but the twilight dog chases him away.

The diamonds in his chest
burn and scatter.

The daytime dog licks
the entrance to his chest
but the nighttime dog
knows the way out.

All the dogs
want a backbone of diamonds.

Two rings of fresh blood spin around.

His chest finds itself increasingly alone
with the scent of barking.

# Canto del kiwi

El kiwi es el hombre, el ser masculino
de genitales pendientes, trípticos:

no canta, no vuela, no tiene alas.

No se embaraza. No tiene senos.
Carece de una fresca vagina.

El kiwi vive allá, *down under:*
Nueva Zelanda, Australia.

Es lo contrario del canguro,
ser femenino de voraz fecundidad,
musculoso y grácil.

El kiwi escucha el canto
del poderoso canguro
y la tierra, bajo sus patas débiles,
comienza a brillar, a latir.

Y luego él mismo, el kiwi, canta.

# Song of the Kiwi

The kiwi is man, that male animal
with his triptych of dangling genitals:

he doesn't sing, he doesn't fly, he has no wings.

He doesn't get pregnant. He has no breasts.
He lacks a fresh vagina.

The kiwi lives far away, *down under:*
New Zealand, Australia.

He is the opposite of the kangaroo,
female animal with a voracious fertility,
muscular and graceful.

The kiwi hears the song
of the powerful kangaroo
and the earth beneath his feeble legs
begins to shine and throb.

Then, the kiwi himself begins to sing.

# About the Author

David Huerta was born and lives in Mexico City. He is a poet, journalist, critic, essayist, translator, professor, and activist. In 2006, Huerta was awarded the Xavier Villarrutia Prize, Mexico's most prestigious literary award, for his book *Versión* (1978, 2005) as well as for the totality of his poetic work. Among his other honors are the Diana Moreno Toscano Prize for Literary Promise (1971), two Guggenheim Fellowships (1978, 2005), and the Carlos Pellicer Prize (1990). He has been a member of the Sistema Nacional de Creadores de Arte since 2003, through which he has mentored many younger poets.

# About the Translator

Mark Schafer is a Lecturer in Spanish and Translation and Co-coordinator of the Spanish-English Translation Certificate Program in the Hispanic Studies Department at the University of Massachusetts at Boston. He has translated poetry, novels, short stories, and essays by many Latin American authors, including Alberto Ruy Sánchez, Virgilo Piñera, Jesús Gardea, Antonio José Ponte, and Sonia Rivera-Valdés. In 2004, Junction Books published *Migrations,* his translation of Gloria Gervitz's epic poem *Migraciones.* Schafer has received grants and awards for his translations, including the Robert Fitzgerald Prize, two translation fellowships from the National Endowment for the Arts, and a grant from the Fund for Culture Mexico-USA. Schafer's translation of Huerta's poetry was made possible by the second translation fellowship from the National Endowment for the Arts and a residency at the Banff International Literary Translation Centre.

Copper Canyon Press gratefully acknowledges
Lannan Foundation for supporting the publication and
distribution of exceptional literary works.

LANNAN LITERARY SELECTIONS 2008

Lars Gustafsson, *A Time in Xanadu*

David Huerta, *Before Saying Any of the Great Words: Selected Poems*

Sarah Lindsay, *Twigs and Knucklebones*

Valzhyna Mort, *Factory of Tears*

Dennis O'Driscoll, *Reality Check*

LANNAN LITERARY SELECTIONS 2000–2007

Maram al-Massri, *A Red Cherry on a White-tiled Floor: Selected Poems,*
translated by Khaled Mattawa

Marvin Bell, *Rampant*

Hayden Carruth, *Doctor Jazz*

Cyrus Cassells, *More Than Peace and Cypresses*

Madeline DeFrees, *Spectral Waves*

Norman Dubie
*The Insomniac Liar of Topo*
*The Mercy Seat: Collected & New Poems, 1967–2001*

Sascha Feinstein, *Misterioso*

James Galvin, *X: Poems*

Jim Harrison, *The Shape of the Journey: New and Collected Poems*

Hồ Xuân Hương, *Spring Essence: The Poetry of Hồ Xuân Hương,*
translated by John Balaban

June Jordan, *Directed by Desire: The Collected Poems of June Jordan*

Maxine Kumin, *Always Beginning: Essays on a Life in Poetry*

Ben Lerner, *The Lichtenberg Figures*

Antonio Machado, *Border of a Dream: Selected Poems,*
translated by Willis Barnstone

W.S. Merwin
*The First Four Books of Poems*
*Migration: New & Selected Poems*
*Present Company*

Taha Muhammad Ali, *So What: New & Selected Poems, 1971–2005,*
translated by Peter Cole, Yahya Hijazi, and Gabriel Levin

Pablo Neruda
*The Separate Rose,* translated by William O'Daly
*Still Another Day,* translated by William O'Daly

Cesare Pavese, *Disaffections: Complete Poems 1930–1950,*
translated by Geoffrey Brock

Antonio Porchia, *Voices,* translated by W.S. Merwin

Kenneth Rexroth, *The Complete Poems of Kenneth Rexroth*

Alberto Ríos
*The Smallest Muscle in the Human Body*
*The Theater of Night*

Theodore Roethke
*On Poetry & Craft: Selected Prose of Theodore Roethke*
*Straw for the Fire: From the Notebooks of Theodore Roethke*

Benjamin Alire Sáenz, *Dreaming the End of War*

Rebecca Seiferle, *Wild Tongue*

Ann Stanford, *Holding Our Own: The Selected Poems of Ann Stanford*

Ruth Stone, *In the Next Galaxy*

Joseph Stroud, *Country of Light*

Rabindranath Tagore, *The Lover of God,* translated by Tony K. Stewart
and Chase Twichell

*Reversible Monuments: Contemporary Mexican Poetry,*
edited by Mónica de la Torre and Michael Wiegers

César Vallejo, *The Black Heralds,* translated by Rebecca Seiferle

Eleanor Rand Wilner, *The Girl with Bees in Her Hair*

Christian Wiman, *Ambition and Survival: Becoming a Poet*

C.D. Wright
*One Big Self: An Investigation*
*Steal Away: Selected and New Poems*

Matthew Zapruder, *The Pajamaist*

The Chinese character for poetry is made up of two parts: "word" and "temple." It also serves as pressmark for Copper Canyon Press.

Since 1972, Copper Canyon Press has fostered the work of emerging, established, and world-renowned poets for an expanding audience. The Press thrives with the generous patronage of readers, writers, booksellers, librarians, teachers, students, and funders—everyone who shares the belief that poetry is vital to language and living.

*Major funding has been provided by:*
Anonymous (2)
Beroz Ferrell & The Point, LLC
Cynthia Hartwig and Tom Booster
Lannan Foundation
National Endowment for the Arts
Cynthia Lovelace Sears and Frank Buxton
Washington State Arts Commission

*For information and catalogs:*
COPPER CANYON PRESS
Post Office Box 271
Port Townsend, Washington 98368
360-385-4925
www.coppercanyonpress.org

The text of this book is set in Sabon, an old-style serif typeface designed by the German-born typographer and designer Jan Tschichold (1902–1974) in the period 1964–1967. The titles are set in Centaur, an old-style serif typeface originally drawn as titling capitals by Bruce Rogers in 1914 for the Metropolitan Museum of Art. Book design by Phil Kovacevich. Printed on archival-quality paper by McNaugton & Gunn, Inc.